中国社会科学院文库
文学语言研究系列
The Selected Works of CASS
Literature and Linguistics

中国社会科学院创新工程学术出版资助项目

中国社会科学院文库·**文学语言研究系列**
The Selected Works of CASS · **Literature and Linguistics**

汉语篇章语法研究

Studies on Chinese Discourse Grammar

方 梅 著

社会科学文献出版社
SOCIAL SCIENCES ACADEMIC PRESS (CHINA)

《中国社会科学院文库》
出版说明

　　《中国社会科学院文库》（全称为《中国社会科学院重点研究课题成果文库》）是中国社会科学院组织出版的系列学术丛书。组织出版《中国社会科学院文库》，是我院进一步加强课题成果管理和学术成果出版的规范化、制度化建设的重要举措。

　　建院以来，我院广大科研人员坚持以马克思主义为指导，在中国特色社会主义理论和实践的双重探索中做出了重要贡献，在推进马克思主义理论创新、为建设中国特色社会主义提供智力支持和各学科基础建设方面，推出了大量的研究成果，其中每年完成的专著类成果就有三四百种之多。从现在起，我们经过一定的鉴定、结项、评审程序，逐年从中选出一批通过各类别课题研究工作而完成的具有较高学术水平和一定代表性的著作，编入《中国社会科学院文库》集中出版。我们希望这能够从一个侧面展示我院整体科研状况和学术成就，同时为优秀学术成果的面世创造更好的条件。

　　《中国社会科学院文库》分设马克思主义研究、文学语言研究、历史考古研究、哲学宗教研究、经济研究、法学社会学研究、国际问题研究七个系列，选收范围包括专著、研究报告集、学术资料、古籍整理、译著、工具书等。

中国社会科学院科研局

2006 年 11 月

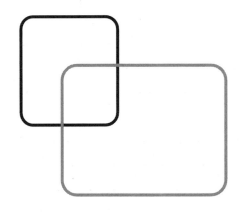

目　录

第一章
篇章语法与汉语篇章语法研究

0 引言

语言成分具有形式和意义两个方面，语言学研究的一个重要任务就是要描写和解释形式和意义之间的对应关系。从描写角度来说，只是孤立地把话语作为静态的言语产品不可能对它有全面的了解，分析话语必须结合语言使用的外部条件，包括：1）认知限制，如信息贮存和提取方式、认知策略、记忆限制、信息处理的最佳程序等；2）交际环境，包括对话双方的关系、言谈发生的场所、交际目的等；3）文化和种族背景，考虑文化和种族的差异或偏见对话语的渗透等。

20 世纪 80 年代以来，话语功能语言学的研究有几个重要的理论贡献。

第一，修辞结构理论（Rhetorical Structure Theory；参看 Mann、Thompson，1987）。修辞结构理论的主要目的是描写相邻句子的逻辑语义联系，将它们归纳为 20 多种关系，用来说明话语中的语句是如何由低到高在各个层面上相互联系在一起的。

第二，关于话题结构（thematic structure）的理论表述（参看 Givón，1984/1990；Du Bois，1980；Chen，2004；陆镜光，2004a），说明话语中有关人物和事物如何引进，如何在下文中继续出现等等。同一对象如果在话语展开过程中反复出现，则构成话题链（topic chain）。话题链是体现话语结构连贯性的重要方面，不同强弱的话题性具有不同的句法表达。

第三，关于韵律单位与句法单位的关系问题。语调单位（intonation

unit）与句法上的节点并不一一对应，Chafe（1987）提出一个语调单位中倾向于只出现一个新信息表现形式，即所谓单一新信息限制（one-new-concept constraint；Chafe，1987、1994；Tao，1996）。

第四，关于语体特征的差异性问题。从句法角度看，语体差异的核心要素可以概括为对时间连续性（temporal succession）和对行为主体的关注（agent orientation）程度的差异。典型的叙事语体具有时间连续性，关注动作的主体；操作语体具有时间连续性，但是不关注动作的主体；行为言谈不具有时间连续性，但是关注动作的主体；说明语体既不具有时间连续性，也不关注动作的主体。这种差异性导致了一系列不同的句法结构选择（参看Longacre，1983）。

第五，关于言谈参与者在会话中的句法互动。交际过程中，参与者的言谈在句法结构上是相互渗透的。例如，核心名词与限制性关系从句分别由会话双方共同完成，会话中独立于小句结构之外的延伸成分为会话参与者提供话轮转换机制等（参看 Ford、Fox、Thompson，2002）。

第六，从在线生成的角度看互动交际中语句的产出，形成了"行进中的句子的句法"（the syntax of sentences-in-progress），强调新信息是随时间推移不断叠加的。语序的安排不仅与句法成分所传递的信息地位（新旧）有关，在会话互动中还提示话轮转换的相关位置（参看 Lerner，1991；陆镜光，2000、2002）。

篇章语言学是以语言运用为导向的研究，关注交际－社会因素对言谈过程的制约和对语言产品的影响。关注交际－社会因素对言谈过程的制约，形成自身独立的一个门类——会话分析（Conversation Analysis）；而关注交际－社会因素对语言产品产生的影响，则形成自身独立的一个门类——篇章语法（Discourse Grammar）。

篇章语法分析是以语法范畴为出发点的、针对跨句的语法现象的分析。它关注不同语法范畴和语法手段在语篇当中的地位和功能，关注交际互动因素对语言表达方式乃至语法手段的塑造。一些文献中，尤其是20世纪80年代前后的文献，话语分析（或语篇分析，Discourse Analysis/Text Grammar）与篇章语法是可互换使用的术语，如 Brown 和 Yule（1983）所著 *Discourse Analysis*（参看陈平，1987b；Chu，1998；徐赳赳，1995）。

以篇章－功能为导向的语法研究有两个目标。其一是描写，说明使用者如何运用语言形式。语言中存在着大量的表达"内容"相同而表现"形式"

不同的表达方式。比如指称一个对象，可以用名词短语、光杆名词，也可以用代词，说话人在怎样的情形下选择使用两种不同的表达方式？其二是解释，回答"语言结构形式何以如此"。比如代词，人类语言中普遍存在这个范畴，代词的普遍性是由什么机制决定的？

功能语法学家一般从三个方面寻求对所描述现象的解释。第一，认知视角的解释；第二，社会或互动视角的解释；第三，历时演变的解释。这三个方面事实上是相互联系的。功能语法学家认为，语言表达形式的多样性源自交际中不同的功能需求，不同需求之间的相互竞争塑造了语言的结构形式（参看 Du Bois，1985）。

汉语篇章语法研究的专著较早的有屈承熹（1998 ［2006］）的 *A Discourse Grammar of Mandarin Chinese*。该书的研究范围包括小句（clause）的某些部分、复句以及段落，认为篇章语法跟话语分析（Discourse Analysis）有以下几个方面的区别：1）话语分析一般来说注重交际，而篇章语法较注重结构；2）话语分析既研究口语也研究书面语，而篇章语法在该书中主要考虑书面语；3）话语语法既强调语法层次上的结构，同时也强调话语层次上的结构。作者还认为，句法在代词化（pronominalization）、反身化（reflexivization）、体标记（aspect marking）等方面还未得到充分的研究，而这些问题都可以在篇章语法里得到较好的解释。全书共 11 章：1）引言：语法和篇章；2）动词词缀：体和篇章功能；3）篇章中的情态副词；4）句末小词；5）信息结构；6）主从关系和前景结构；7）话题、原型和汉语话题；8）篇章中的回指（anaphora）；9）话题链和汉语句子；10）段落和超段落；11）结论。这本书一方面吸收了汉语篇章语法的主要成果，另一方面也是对作者自己多年研究的总结。其中有关汉语话题的原型分析法、汉语主从关系和前景结构之间的关系、体标记的篇章功能，以及段落和超段落的分析特别具有启发意义。

下面讨论篇章语法研究中的一些主要概念，并介绍美国西海岸功能语言学家的研究思想，同时通过汉语的相关实例加以解释，以方便读者对后续内容的理解。

1　信息流

1.1　名词性成分与认知状态

信息流（information flow）是功能主义语言学家广泛使用的一个概念。

功能语言学家认为，语言核心的也是最基本的功能就是将信息由言者/作者传递给听者/读者。不论从言者/作者还是听者/读者的角度看，信息在表达或理解方面的难易程度都是不同的。从言者的角度说，要使所言之不同方面处于注意焦点（focus of consciousness）或者离开注意焦点；从听者的角度说，要关注对方所述同于或者异于自己的预期和已有知识之处。在交际过程中，不同的概念在人大脑中的认知状态是不同的，信息的传达必然涉及言者与听者的动态认知状态。从言者的角度说，为了使听者关注重要的内容，在处理旧信息（即言者认为听者已知的信息）与处理新信息（即言者认为听者未知的信息）的时候会采用不同的编码方式。一般来说，言者认为听者已知的信息，编码方式简单；言者认为听者未知的信息，编码方式繁复。这个由简到繁的等级可以表述为：

零形式 > 代词 > 光杆名词 > 代词/指示词 + 名词
> 限制性定语 + 名词 > 描写性定语 + 名词 > 关系从句

说话人/作者认为受话人/读者能够将一个指称形式的所指对象与其他对象区别开来，他就会采用最为简省的形式，比如代词或零形式。反之，则需要采用较为复杂的结构形式，比如关系从句。指称结构形式的差异，反映了言者/作者对该成分所指对象信息地位的确认。使用哪一种形式指称一个对象，反映了语言使用者不同的言语策略。

在交际过程中，不同的概念在人脑中的认知状态是不同的，那些言谈当中已经建立起来的概念处于活动（active）状态，是听者已知的信息（或称旧信息）。而有些概念在谈话的当下尚未建立起来，不过，受话人可以通过背景知识推知它的所指，这种信息处于半活动（semi-active）状态，可以在言谈的过程中被激活，这类成分称作易推信息（accessible information）。如果从"新"与"旧"或"已知"与"未知"的角度看，易推信息处于连续统的中间。

旧信息 > 易推信息 > 新信息

易推信息的理解有赖于受话人的知识系统，大致包括下面几个方面。

1）人类共有知识，如：亲属关系、肢体与人之间的所属关系。

2）言谈场景规定的知识内容，如：谈话现场只有一个钟，可以说"把钟拿下来"。

3）说话人和受话人共有的知识，如："下午的物理课不上了"。

一个名词性成分的所指对象被受话人理解时，难易程度是不同的。这种难易程度称作易推性（或可及性，accessibility）。易于被理解的易推性较强，反之，易推性较弱。

第一人称 > 第二人称 > 第三人称 > 回指性名词 > 已述命题内容 >
现场环境 > 共有知识 > 言谈修正内容

易推性较强的成分，在交际中听者/读者对它加以辨识所花费的时间相对较短，反之，则时间较长。据陈平（1987c）介绍，Haviland 和 Clark（1974）一项实验显示，在 "We got some beer out of the trunk. The beer was warm." 这个句子里，判断 some beer 和 the beer 之间所指相同所花费时间较短；而在 We checked the picnic supplies. The beer was warm. 这个句子里，要判断 the picnic supplies（野餐物品）和 the beer（啤酒）之间所指相同所花费时间就较长。判断时间的长短之别从一个角度说明了信息的不同活动状态在理解过程中的差别。

许余龙（2004）对汉语回指的研究把指称表达形式分成三类：高易推性标记（high accessibility marker）、中易推性标记（intermediate accessibility marker）和低易推性标记（low accessibility marker）。零形代词、反身代词、单数指示词看成高易推性标记。当代词和指示名词性词组充当宾语时，它们的所指对象属于中易推性标记。

如果一个成分的易推性很强，则完全可以采取零形式。陈平（1987c）从篇章结构的角度来研究所指对象（referent）是如何引进汉语叙述文的，人们又是如何通过各种不同的回指手段进行追踪（tracking）的。研究结果显示，零形回指和其他回指形式的选择主要依赖话语 – 语用信息。

1.2　轻主语限制与线性增量原则

轻主语限制与线性增量原则是针对句子的编排来讲的。信息结构在句法方面的表现被一些学者归纳为"重成分后置原则"——置复杂的结构在句尾，以及"轻主语限制"——句子的主语倾向于采用一个轻形式。就名词性成分来说，轻形式也是一个连续的概念，代词相对较轻，关系从句相对较重。

代词 > 光杆名词 > 代词/指示词 + 名词 > 限制性定语 + 名词
> 描写性定语 + 名词 > 关系从句 + 名词

对一个陈述形式而言，无标记模式（默认的顺序）是从旧信息流向新信息。主语以旧信息为常，宾语以新信息为常。Bolinger（1977）把这种倾向概括为线性增量原则。线性增量原则是指，说话的自然顺序要从旧信息说到新信息。随着句子推进，线性顺序靠后的成分比靠前的成分提供更多的新信息。例如[①]：

> （1）a. *他们一看就懂上面两段古文
>
> b. 上面两段古文他们一看就懂
>
> （2）a. ?一个老头走进储蓄所
>
> b. 储蓄所走进一个老头

当核心名词的所指不确定时，就要求修饰成分在核心名词之后。比如英语中形容词作定语一般是在名词之前，但是如果被修饰成分是泛指的，那么，形容词就要在被修饰成分的后面。比如：something new，something old，something blue，something borrowed。这种次序是强制性的。汉语里与此类似的情形是下面这种用例。例如：

> （3）a. 你们班里万一有谁吸毒的，谁这个瞎搞的，谁携枪的，这谁受得了啊！
>
> b. *你们班里万一有吸毒的谁，这个瞎搞的谁，携枪的谁，这谁受得了啊！

这个例子里，核心词的所指对象是不确定的，修饰成分必须在后。句子从左到右，信息的重要程度递增。这样的语序符合线性增量原则，"你们班"的所指最为确定，提供的新信息量最少，"谁"次之，"吸毒的"最不确定。因此，可以说，即使在汉语里，修饰成分在被修饰成分之前还是在被修饰成分之后，也是与被修饰成分语义的确定性密切相关的。修饰性成分提供新信息的量越大，越是倾向于放在被修饰成分的后面。

从跨语言的材料看，也有大量的事实支持上述观点。比如，Bernardo（1979）通过对英语"梨子的故事"的研究得出了很有启发性的结论，他根据修饰语和核心语的内容关系区别了两种关系从句，一种是增加信息的（informative），另一种是不提供新信息（non-informative）而只起辨识作用的。陶红印（2002）通过对汉语"梨子的故事"的研究发现，名词前以"的"字结构为代表的关系从句的主要功能是回指，或追踪语境里已经出现过的对象。换言之，这些成分是不提供新信息的。口语中提供新信息的关系从句一般要后置，位于核心名词之后（详见方梅，2018：38－54）。例如：

（4）你比如说你跟着那种水平不高的英语老师，他根本不知道那个纯正的英语发音，他英语语法也不怎么样，你就全完了。（调查语料）

这里所说的轻主语限制与线性增量原则是针对无标记句类的（一般认为无标记句是叙述句）。疑问句、使令句等句类更多地受到互动交际模式的影响，在其他语用因素的影响下，有可能突破上述线性原则，而把重要的内容先说出来。比如口语对话中某些成分的"易位"（知道吗你？／根本就不知道我们都）。

1.3 单一新信息限制和偏爱的题元结构

话语里要传达新信息的时候，说话人会采用一种比较完整或繁复的结构形式来表达。反之，如果说话人要传达的是一个旧信息，通常会采用一种结构比较简单的轻形式。这种现象一方面是经济原则的驱动，更主要的原因是人类认知活动能力的局限性。认知上的局限表现为对每个语调单位（intonation unit，IU）所包含的新信息的总量有所限制。

在自然的言谈中，连续的话语不是由一连串不可分割的言语序列构成的，而是由一连串在韵律上有规律可循的言语片段构成的。语调单位就是任何一个自然语调框架内所发出的言语串，是一个相对独立的韵律单位，同时也是一个基本的表达单位。语调单位所承载的信息容量和信息状态，反映了大脑处理信息的过程，是思维过程的外在表现。Chafe（1994）的研究表明，一个语调单位所能传达的新信息通常不超过一个。"一次一个新信息"，这被称作单一新信息限制（one-new-concept constraint）。

从信息表现功能着眼，名词性成分的信息表现功能大致可以归纳作：

旧信息 零代词 > 代词 > 名词 > 名词性短语 **新信息**

在口语中，单一新信息限制是制约表达单位繁简的重要因素。如果说话人要传达两个或更多的新信息，就会把它们拆开，使之成为各自独立的语调单位，这也就是我们在口语中常见的延伸/增额现象。也就是说，随着言谈的进程，说话人不断地逐个增加新信息内容。例如：

（5）我刚买了辆车，日本原装进口的，越野，今年最流行的款式。

相对来说，下面这种长定语的说法可接受性要差得多。

（5'）[?]我刚买了辆日本原装进口的今年最流行款式的越野车。

单一新信息限制可以用来说明小句内信息的容量。因为每个语调单位的新信息一般不超过一个，如果超过这个限量，就要另起一个表述单元，而不倾向采用结构复杂的长定语。单一新信息限制这个语用原则在句法上表现为，小句的题元结构倾向于只出现一个词汇性的题元名词，如"我爱上了一个上海姑娘"里的"我"是代词，"上海姑娘"是词汇形式的题元。词汇题元通常与新信息有关。

言谈当中，一个韵律单位与一个小句（clause）大体上是对应的。Du Bois（1987）通过对 Sacapultec 语的考察发现，一个小句内部倾向于只出现一个真正的名词形式的题元，"一次一个词汇题元"的格局是"偏爱的题元结构"（preferred argument structure）。即：1）每个小句至多出现一个词汇性论元；2）避免在及物句的主语上出现词汇性论元。他进而提出了两条语用原则，即：1）每个小句至多出现一个新信息论元；2）避免在及物句的主语上出现新信息。

由于每次所能传达的新信息的量受到一定限制，所以两个或两个以上的词汇题元出现在同一个语调单位内部的情形极少。这个结论可以看作是对单一新信息限制的句法诠释。

陶红印（Tao，1996）借鉴 Du Bois 的研究成果，通过对汉语口语叙事语体中小句论元关系的研究，发现这个规律同样适用于汉语语调单位与句法结构类型，汉语小句论元格局同样偏爱一次一个词汇题元这样的结构。

2　篇章结构

2.1　话题

"话题"（topic）和"评述"（comment）是一对广泛使用的术语，从言语交际的角度说，"话题"就是"被谈论的对象"（what is being talked about），而"评述"是"针对话题所谈论的内容"（what is said about the topic）。如果一个成分 X 被称作话题，它就可以用来回答"X 怎么样了？"这样的问题。在一些语言中，话题仅仅涉及语用范畴，而在另一些语言中，话题成分具有独立的句法地位（参看徐烈炯，2002）[②]。

无论从哪个角度说，话题都是一个跨越不同层面的概念。可以仅仅针对单个语句，也可以覆盖一段语篇。前者是句内话题（sentence topic），后者是篇章话题（discourse topic）。

句内话题是句子的谈论对象，汉语里句子的主语一般也同时是话题。这一点已经有很多著作谈到了。值得一提的是，某些句式具有引入话题的功能，但那个成分并不在主语的位置上。比如，在下面的例子里，"几个男孩子"是在"有"字的宾语位置上的，但却是"被谈论的对象"：

（6）这个时候在旁边有<u>几个男孩子</u>出来。有<u>一个男孩子</u>好像打着那个球，有个球跟那个拍子上面连着一条线，这样子哒！哒！哒！<u>其他的小孩子</u>过来帮他。（引自陈佩玲、陶红印，1998）

这种"存现句"在语篇当中常常是引导话题的。

语篇话题是一段语篇当中的主要谈论对象，通常是言谈主角。在谈话中提及一个概念，有两种不同的情况。一种情况是，这个言谈对象引进语篇以后，在下文可以用不同的方式追踪它。例如，下面的例子中的"母亲"。另一种情况是，这个概念出现一次之后，在谈话中就不再提及，比如"袍罩""炕""油盐店"。作为言谈主角，一个概念在语篇当中往往多次出现，并且以不同的方式追踪，这是它具有话题性的表现。其他那些只出现一次的概念成分，属于偶现信息（trivial information），不具备话题性（关于言谈主角的句法表现，可参看陶红印、张伯江，2000）。

（7）母亲喝了茶，[1] 脱了刚才上街穿的袍罩，[2] 盘腿坐在炕上。她抓些铜钱当算盘用，大点的代表一吊，小点的代表一百。她先核计该还多少债，[3] 口中念念有词，[4] 手里捻动着几个铜钱，而后摆在左方。左方摆好，一看右方（过日子的钱）太少，[5] 就又轻轻地从左方撤下几个钱，[6] 心想：对油盐店多说几句好话，也许可以少还几个。[7] 想着想着，她的手心上就出了汗，[8] 很快地又把撤下的钱补还原位。（老舍《正红旗下》）

回指频度和回指方式可以作为确定语篇话题的重要参照。比如，上例中的"母亲"有两种回指方式，代词回指和零形回指。代词"她"出现了3次，零形回指8次。在这段话里还有一个概念——"铜钱"，出现了不止一次，在第一次出现之后，又以不同的方式提到，有名词性的和数量词两种表现形式（异形回指：大点的、小点的、几个；同形回指：铜钱；部分同形回指：钱）。对比"母亲"与"铜钱"这两个概念，在谈到"母亲"的时候有两个显著的特点：第一，回指次数相对较多；第二，有大量的零形回指。所以可以肯定"母亲"的默认值较高，是默认的"被谈论的对象"。因此，从回指频度和回指方式上看，"母亲"是语篇话题。

2.2 话题的连续性

话题的连续性是指一个话题成分的影响力度和范围，是话题研究的一个重要方面。话题连续性涉及三个方面：1）主题的延续；2）行为的延续；3）话题/参与者延续。其中以主题的延续性的影响范围最大。可以通过三种方法测量话题的连续性：回数法（look-back）、歧义法（ambiguity）和衰减法（decay）。（参看 Givón，1983）

话题的连续性可以通过不同的方面表现出来。

1）句法位置

话题成分的默认位置是句子主语的位置，通常主语具备施事和话题双重身份，同时也是叙述的主角。因此，一个句子的主语所指的影响范围可以仅仅限于句内，也有可能跨越多个语句。这一点可以从后续句省略主语的频率上得到证明。省略主语的占绝大多数，远远超过其他句法成分。在汉语中，主语位置上的领属性定语在延续话题方面地位仅次于主语，表现为，后续句常常承前定语而省（参看方梅，1985）。

2）句法结构和修辞结构

前后语句的结构相似度越高，延续同一话题的可能性越大。

陈平（1987c）发现，零形式要求与它同指的成分距离尽可能靠近，零形式与它同指的成分之间倾向没有复杂的成分插入。同时，零形式的使用也受制于语篇的宏观结构。

徐赳赳（1990）采用 Givón（1983）的测量方法考察代词"他"的延续性，发现"他"的隐现受制于多种因素——人物制约（单个还是多个），情节制约（故事的发生、发展和结束），时间词制约（有或无），连词制约（是不是连词后位置），结构制约（小句结构是否相同）。

Li 和 Thompson（1979）对第三人称代词的使用做过一个调查，把一段《儒林外史》叙述当中的"他"全部删除，然后请母语为汉语的被调查人填上他们认为应该有"他"的地方。结果发现，没有两个人的答案完全相同，同时，被删除"他"的几处，只有两个地方半数被调查人认为该用"他"，其余的地方被调查人认为要用"他"的人数不到一半。这个调查说明，汉语中代词的用与不用存在一定的灵活性，真正强制性地要求使用代词的情形不多。

从回指形式来看，形式越轻，延续同一话题的可能性越大：

零形式 > 代词 > 同形名词 > 指示词 + 名词 > 描写性定语 + 名词

（8）马锐$_i$是来请求父亲$_j$批准出去玩一会$_儿$的。但他$_i$没有直截了当地提出请求，而是在饭后 0_i 主动积极地去刷碗、扫地、擦桌子，0_i 把一切归置完了，0_i 像个有事要求主人的丫鬟把一杯新沏的茶和一把扇子递到正腆着肚子剔牙的马林生手里，自己$_i$ 站在一边不住地拿眼去找爸爸$_j$ 的视线，0_i 磨磨蹭蹭地不肯走开，0_i 没话找话地问："还有什么要我干的么？"（王朔《我是你爸爸》）

不同的句法形式往往体现不同量级的延续性。不同句法形式的话题连续性，从高到低可以概括为下面的连续统（引自 Givón，1983）：

高连续性话题（coding for most continuous/accessible topic）

零形回指（zero anaphora）

非重读/黏着性代词或语法一致关系（unstressed/bound pronouns or grammatical agreement）

重读代词或非黏着代词（stressed/independent pronouns）

右向出位的有定性名词短语（R-dislocated DEF-NP's）

常规语序下的有定性名词短语（neutral-ordered DEF-NP's）

左向出位的有定性名词（名词性短语）（L-dislocated DEF-NP's）

对比性话题化位移名词（Y-moved NP's）（contrastive topicalization）

分裂/焦点结构（cleft / focus constructions）

有指无定名词短语（referential indefinite NP's）

低连续性话题（coding for most discontinuous/ inaccessible topic）

孙朝奋（1988）的研究表明，话语中主题的重要性与数量词的使用之间存在密切的联系，一个主题上比较重要的名词短语倾向于用数量结构引进话语。继陈平一系列有关名词短语的指称属性与篇章功能的研究之后，许余龙（2005）的研究进一步证实，汉语的话题倾向于由一个存现句的宾语引入语篇当中。

2.3　前景信息与背景信息

不同类型的篇章有不同的组织原则。就叙事体而言，它的基本功能是讲述一个事件，它的基本组织形式是以时间顺序为线索的。

一个叙事语篇中，总有一些语句，它们所传达的信息是事件的主线或主干，这种构成事件主线的信息称作前景信息。前景信息用来直接描述事件的进展，回答"发生了什么？"这样的问题。另一些语句它们所表达的信息是围绕事件的主干进行铺排、衬托或评价，传达非连续的信息（如事件的场景，相关因素等等），这种信息称作背景信息。背景信息用来回答"为什么"或"怎么样"等问题。前景信息与背景信息在不同层面上有不同的表现形式。

篇章层面上，故事的叙述主线为前景，其他为背景。高连续性话题往往代表叙述的主角，它所关联的小句或句子的数量较多，构成了叙述的主线——前景信息；反之，低连续性话题相应的陈述表达构成背景信息。典型的低连续性话题是偶现信息成分（名词既不回指前面已经出现过的成分，也不被后面的任何成分回指）充当的话题。例如：

（9）我$_i$从吴胖子家出来，0$_i$乘上地铁。地铁车厢很暖和，我手拉吊环几乎站着睡着了，列车到站0$_i$也没察觉，过了好几站0$_i$才猛然惊醒，0_i连忙下了车。我跑上地面，0_i站在街上拦出租车。来往的出租车很多，但没有一辆停下来。我走过两个街口，0_i看到路边停着几辆出租车就上前问。几个司机是拉包月的，一位拉散座的说他要收外汇券。我说"知道知道"坐了上去从兜里拿出一沓外汇券给他看。（王朔《一点正经没有》）

（10）平坦的柏油马路$_i$上铺着一层薄雪，0_i被街灯照得有点闪眼，偶尔过来一辆汽车，灯光远射，小雪粒$_j$在灯光里带着点黄，0_j像撒着万颗金砂。祥子……（老舍《骆驼祥子》）

句子层面上，主句为前景，表达事件过程；从句为背景，表现事件过程以外的因素，如时间、条件、伴随状态等等。例如：

（11）地铁车厢很暖和，我$_i$手拉吊环几乎站着睡着了，列车到站0_i也没察觉，过了好几站0_i才猛然惊醒，0_i连忙下了车。（王朔《一点正经没有》）

小句层面上，连动结构内部，背景在前，前景在后（另可参看张伯江，2000）。例如：

（12）我$_i$跑上地面，0_i站在街上拦出租车。

（13）我手拉吊环几乎站着睡着了。

由于背景信息不表现事件过程，不可以用"没"否定。例如：

（14）a. 吃了饭看电影。

　　　 b. *没吃了饭看电影。

（15）a. 你什么时候去？

　　　 b. 吃了饭去。

　　　 c. *没吃了饭去。

前景信息与背景信息不仅仅是在篇章语义层面的主次有别，二者还同时对应于一系列句法－语义因素。Hopper 和 Thompson（1980）曾经对这个问题有过深入的讨论。总体上说，前景对应于一系列"高及物性"特征，而背景信息对应于一系列"低及物性"特征（参看方梅，2008；本书第四章）。

屈承熹（Chu，1998）在讨论汉语的背景信息的时候说，主从关系和信息状态（information status）关系密切，但两者各自处于不同的层次。背景不一定衍推出旧信息，反之亦然。主从关系是形成背景的常见手段。例如，在违反从背景到前景推进的原则时，从句连词"因为"很明显是表背景。名词化的句子主语是表背景的一种手段，而宾语则通过主要动词的性质来决定其场景性。背景一般由三个语用部件组成：1）事件线（event-line）；2）场面（scene-setting）；3）篇幅减少（weight-reduction）。三者相互作用。

3 互动因素

3.1 行进中的语句

言谈过程是一个动态处理（on-line processing）的过程。在这个过程中，言谈参与者把不同的人物、观念带入交际空间（discourse universe）。因此，言谈动态过程所出现的种种现象，特别是互动（interaction）交际中的语言现象，往往反映了语言的心理现实性。

典型互动言谈是会话（conversation）。会话参与者轮流讲话构成"话轮"（turn）。假设 A、B 两个人对话，说话人 A 发出信息，受话人 B 接受信息。A 和 B 的两句话就是两个相邻的话轮：

  （16）A：几点了？

     B：五点。

会话以话轮交替的方式（即 A－B－A－B 轮流说话）进行。从说话人停止说话到受话人开始说话，叫话轮转换。负责话轮转换的机制叫"话轮转换机制"，它让会话参与者能有秩序地进行话轮转换（也就是有秩序地进行会话）（Sacks、Schegloff、Jefferson，1974）。

近年来，一些学者借鉴会话分析（Conversation Analysis）方法，特别关注实际话语中语句的"延伸"现象，将句子在时间轴上逐步产生的过程视为自然语言语句的一个重要动态语法特征。

Lerner（1991）提出"行进中的句子的句法"（the syntax of sentences-in-progress）的概念，建议把句子放到话轮交替的环境中考察。继 Lerner 提出"行进中的句子"的概念以后，Brazil（1995）提出"线性语法"（linear grammar）的概念，特别强调话语中的句子是在真实言谈过程中逐步递加（increment-by-increment）的。Ford、Fox 和 Thompson（2002）把那些从句法上看难以归纳为任何一种句法角色的添加成分称作"延伸增额"（extensional increment）。并通过三个尺度来确认。

1）句法尺度：它前面的成分句法上具备完整性，是自足的小句。

2）韵律尺度：它前面的成分具备独立的句调。

3）语用尺度：可以独立构成相邻话对的第一部分。

例如下面例子当中黑体字的部分：

（17）Have you been to New Orleans? **ever**?

（18）We could'a used a little marijuana. **to get through the weekend**.

（19）An' how are you feeling? (0.4) **these days**.

她们认为，延伸成分具有下述话语特征。1）出现在缺少接话的转换相关位置。2）提供一个可供受话人展开谈话的相关转换点。3）延续说话人的谈话。从上面的论述不难看出，语法学家对于动态特征的描写和解释越来越多地融入会话分析的视角，希望对这些传统语法不去关心或者不能解释的问题进行重新审视，并且给出一个符合语言交际性特征的解释。

长期以来，相关现象在汉语语法研究中被看作"倒装句"（黎锦熙，1924）。之后，赵元任（Chao，1968）沿用了"倒装句"（inverted sentence）的说法，但同时提出了"追补"（afterthought）的概念，把"追补"跟"未经筹划的句子"（unplanned sentence）一起讨论；并且注意到，先行部分必须是个完整的句子，后续部分语音特征是念得轻、念得快。朱德熙（1982：221-222）沿用了"倒装"的提法，但同时也指出，后续部分有补充的意味，指出"这种说法只见于口语。前置的那一部分是说话人急于要说出来的，所以脱口而出，后一部分则带有补充的味道"。陆俭明（1982b）深入讨论了"易位句"，指出这类句子具备四点特征：1）重音在前段，后移的部分要轻读；2）意义重心在前段，后移部分不能作强调的对象；3）易位的成分可以复位，意思不变；4）句末语气词不会出现在后移部分的末尾。Tai 和 Hu（1991）也是从追补的角度讨论这个问题，张伯江和方梅（1996/2014）将这类现象看作重要信息前置的手段。

陆镜光（2000）关于汉语句子成分的后置的讨论开始引入会话分析的视角，探讨成分后置与话轮转换机制的关系问题。陆镜光（2004a）以行进中的句子的句法和线性语法的观察视角，重新审视关于"倒装句"和"易位句"的研究。发现"移位"的分析存在局限性，尤其是很多被认为是"移动"了的成分根本不能找到它的原位。如：

（20）你不是有个游泳池的吗，你家楼下？

（21）我很敏感的，我的鼻子。

因此，陆文认为大量的"倒装句"或"易位句"实际是"延伸句"。延伸句是随着时间的延续，逐步递加句子成分的结果。延伸句的成句条件是：1）主体句必须包含谓语的核心（谓核），而且必须带句末语调或句末语气词；2）后续语不能有谓核，也不能带句末语调或句末语气词。陆文认为，延伸句应被视为汉语中一种正常的句式，应当采用动态句法分析的方法探讨"完句"的问题。

对言谈过程动态特征的研究越来越受到重视。这个领域在早些年多为会话分析（Conversation Analysis）所关注，而近些年来，也开始受到语法研究者的重视。对自然语句的动态特征的研究成为篇章语法研究的一个新的特点，因为这些动态特征从不同侧面反映了语言的心理现实性。

3.2　句法成分的语体差异

同样是无准备的自然口语，叙事和对话也有鲜明的差别。两种语体的差别主要表现在下述两方面的对立。

第一，过程性与现场性。叙事语体具有过程性，对话语体具有现场性。叙述事件的时候，对过程的描述是以时间顺序为线索的，时间的改换往往带来场景和人物的变换。因此，时间的重要程度大大超过其他因素。但是，对话活动的目的是交换信息和观点，自然对话语体中，时间因素的重要性退居次要地位。

第二，事件性与评论性。叙事语体具有事件性，对话语体具有评论性。

叙事语体在讲述事件过程，而对话语体是在交换信息和观点。对话语体的谈话重心是当前彼此关心的事物，而不是一个事件的过程。因此，以各种方法去描述或限定某个事物，给事物命名、定性就成为谈话参与者着力去做的事情。

陶红印（2002）、方梅和宋贞花（2004）同样是针对口语关系从句的研究，都是取样于无准备的自然口语的转写材料，都是采取对关系从句的分布作穷尽统计的方法，但是得出的结果却呈现内部语体的差异。其一，陶文发现，叙事体中出现的关系从句表示时间的最多，其次是指人的，再次是指物的。因为叙事篇章中时间从句的作用是标志情节转移，而叙述中情节转移是最重要的，所以表示时间的从句出现得最多。方、宋文则发现，对话体口语中出现最多的关系从句首先是指物功能的，其次才是指时间和指人的。因为叙事语体的过程性和事件性决定了指时间类关系从句的使用频率高，而对话语体的现场性和评论性特征决定了时间类从句不是高频用法。其二，指人的关系从句不论在叙事中还是对话中都是重要的一类，但是，陶文指出叙事体中其主要功能是追踪人物，其次是引进人物，再次是命名人物；方、宋文则发现，对话体中，关系从句的首要功能是命名人物，其次是追踪，再次是引进。其三，方、宋的调查还显示，虽然叙事体不容许非现实时间状态的表达，但对话体常有非现实时间状态表达的特点。这些差异同样是叙事语体的"过程性"和对话语体的"评论性"使然。

3.3　句法成分的编码差异

信息结构在句法方面的表现被一些学者归纳为"重心在尾原则"——将复杂的结构置于句尾（Leech，1983），和"轻主语限制"——句子的主语倾向于一个轻形式（Chafe，1994）。

Bernardo（1979）指出，关系从句一种是增加信息的，另一类是不提供新信息而只起辨识作用的。在修饰成分后置的语言（如英语）中，后者倾向于简单形式，前者一般为复杂形式。Payne（1997：326）曾经指出，虽然一般而言，关系从句相对于核心名词的位置与修饰性定语与核心名词的顺序是一致的，但是，后置关系从句却在大量的语言中存在，即这个语言的数量修饰语、形容词修饰语在被修饰名词之前，关系从句在被修饰名词之后。这种强烈的倾向或许是由一个普遍的语用原则所致，即把重成分置于小句中靠后的位置，也就是描写性较强并提供新信息较多的成分后置。

其实，汉语里也存在 Payne（1997）所说的这类现象。虽然汉语名词性成分的修饰语一般在被修饰成分的前面，如：蓝蓝的天、老李喜欢的曲子。但如果修饰性成分比较繁复，那么，那些线性序列较长的、结构复杂的大块头成分还是倾向于后置。

汉语里同时存在两种不同的组句方式。一种是直接后置"的"字结构，"的"字结构所指称的内容是被修饰名词所指对象中的一部分，后修饰成分语义上是限制性的。如下面例（22）和（23）。另一种方式是用一个含有引导词的小句来说明一个名词成分，如下面例（24）和（25）。"他"所引导的小句是对前面名词进行说明、提供新的信息内容，而不是限制被修饰名词的所指范围。两类不同的组句方式，在语义上前者是"限制"，后者是"说明"。

（22）机动车驾驶人<u>不在现场或者虽在现场但拒绝立即驶离，妨碍其他车辆、行人通行的</u>，处二十元以上二百元以下罚款，并可以将该机动车拖移至不妨碍交通的地点或者公安机关交通管理部门指定的地点停放。（《中华人民共和国道路交通安全法》）

（23）公安机关对举报人<u>提供信息经查证属实的</u>，将给予一定数额的奖金。（新闻）

（24）a. 你比如说你跟着那种水平不高的英语老师，<u>他根本不知道那个纯正的英语发音，他英语语法也不怎么样</u>，你就全完了。

b. ᵖ你比如说你跟着那种水平不高的英语老师，<u>根本不知道那个纯正的英语发音、英语语法也不怎么样的</u>，你就全完了。

（25）a. 你站在大街上总能看见那种不管不顾的人，<u>他看见红灯就跟不认得似的</u>，照直往前骑，你当警察要爱生气得气死。

b. ᵖ你站在大街上总能看见那种不管不顾的人，<u>看见红灯就跟不认得似的、照直往前骑的</u>，你当警察要爱生气得气死。

值得注意的是，例（22）和（23）所代表的是书面语里允许的组句方式，口语里很难见到；例（24）和（25）所代表的是口语中常见的组句方式，在书面语里很难见到。这种差别特别具有启发意义，后者是口语中"行进中的语法"的体现（参看方梅，2004）。

3.4　语义理解取向的差异

与非互动的交际相比，互动交际为主观化和交互主观化提供了更多的可能。

说话人在说出一段话的同时，表明自己对这段话的立场、态度和感情，从而在话语中留下"自我"的印记（参看 Lyons，1977、1982；Finegan，1995；沈家煊，2001），这就是语言的主观性（subjectivity）。如果这种主观性有明确的结构形式编码，或者一个语言形式经过演变而获得主观性的表达功能，称作主观化（subjectivization）。

比如，第一人称复数指说话人自己，用以表现"自谦"。例如：

（26）我们认为这样做不够稳妥。

再如，"人家"本来是用作指称说话人和受话人之外的第三方。但是，在对话当中可以指称说话人自己，用以表现说话人的负面情感。例如：

（27）a. 你怎么才到啊！人家等了半个钟头了。

b. *你这么快就到了！人家等了半个钟头了。

交互主观性（inter-subjectivity）指的是说话人用明确的语言形式表达对受话人的关注。这种关注可以体现在认识意义上，即关注受话人对命题内容的态度；但更多地体现在交际的社会性方面，即关注受话人的"面子"或"形象需要"（Traugott，1999）。一个语言形式如果具有交互主观性那么也一定呈现主观性。交互主观化总是蕴涵着主观化，一个形式如果没有某种程度的主观化，就不可能发生交互主观化现象。交互主观化与主观化的区别在于，主观化使意义变得更强烈地聚焦于说话人，而交互主观化使意义变得更强烈地聚焦于受话人。

代词的虚化往往伴随主观化和交互主观化，下面所列举的代词的虚化现象实际都是主观化或交互主观化现象（参看吕叔湘，1985；Biq，1990、1991；张伯江、方梅，1996/2014）。

代词的交互主观化主要有两个方面。

第一，表现心理距离，关注受话人的心理感受。比如：用第一人称包括式代词单指受话人，用来拉近心理距离。

（28）（成年人对小孩）<u>咱们</u>都上学了，哪能跟他们小孩ₙ争玩具呀。

第二，表现说话人对受话人的期待。比如：第二人称代词"你"不指人，而用作提示受话人关注言者所言内容。

（29）<u>你</u>老字号有什么了不起的，还不是吃全国，仗着在首都。

人称代词可以出现在不同的语体，但是上述交互主观化现象却是对话语体特有的。与非互动交际语体比较，在互动交际中更加偏向言者视角的（speaker-oriented）语义解释。

20世纪70年代到80年代，篇章语法分析多以叙事语体为研究对象。90年代以后，则越来越多地融入会话分析的成果，注重互动（interaction）因素对语言结构的影响（汉语研究的相关评述参看 Biq、Tai、Thompson，1996），互动语言学成为90年代以后的一个特别引人瞩目的领域（相关评述可参看林大津、谢朝群，2003；方梅等，2018）。

4　连续性

功能语言学家认为，句法现象从形成到现状都受到篇章话语因素的制约，句法研究如果不考虑这些因素，势必无法得到理论上富于洞察力的阐释。因为语法是在运用中逐渐成型的，同时也是不断变化的，话语功能需求塑造了"语法"。Givón（1971）在他的一篇题为《历史句法与共时形态》（*Historical syntax and synchronic morphology*）的文章中，通过对班图语的研究发现：作为形态手段的前缀来源于古班图语代词。他进而提出，今天的形态是昨天的句法。Givón（1979）的《理解语法》（*On Understanding Grammar*）一书通过大量的跨语言材料，将这个思想进一步概括为：语法是篇章的固化，句法化（syntacticization）则是从语用模式向句法模式的转化过程。他把语法形成的过程概括为：

篇章 > 句法 > 形态 > 形态音系 > 零形式

更有一些学者认为，根本不存在相对独立于篇章话语的所谓句法成分和句法规则。1987年，Paul Hopper 在 *Berkeley Linguistic Society* 发表了一篇非常有影响的文章——《浮现语法》（*Emergent Grammar*），更加强调语法的动态特性。Hopper 明确提出，结构和规则由篇章中产生、被篇章塑造，并且始终处于这个塑造过程之中。因此，语法是不断呈现变化的，永远具有不确定性。因此，共时层面范畴和意义所表现出来的连续变化应是语法化研究关注的焦点所在。这种观点代表了功能语言学家对共时差异与历时演变之间连续性特征的关注，也将语法化研究的视野从单纯的历时视角引向共时与历时相结合的道路上来。同时，共时差异的不同层面也成为新的关注热点。大量的研究从共时差异的考察入手，探讨共时平面和历时平面如何交互作用这一问题。

　　语言成分的"去范畴化"（de-categorization）是演变的重要阶段。所谓"去范畴化"指在一定的条件下，某一句法范畴的成员失去了该范畴某些特征的现象。例如 *I think* 是英语中高频使用的格式，可以出现在句子的不同位置。但是在不同线性位置上，*think* 的语法表现不同。在谓语动词的位置上，*think* 有不同的时体变化，也可以与不同的人称搭配。但是，如果出现在句末，*think* 就会失去它作为动词的某些语法特征。比如：

　　　（30）a. I think that the lock has been changed.

　　　　　　b. She thought that the lock had been changed.

　　　　　　c. The lock has been changed, I think.

　　　　　　d. *The lock has been changed, she thought.

这种现象表明，句末的 *think* 发生了去范畴化。

从已有的跨语言的研究来看，去范畴化具有下面几个主要特征。

1）语义上，以语义泛化或抽象化为前提。

2）句法形态上，失去范畴的某些典型的分布特征，同时也获得了新范畴的特征。

3）在语篇功能方面发生扩展或者转移。

例如：

　　　（31）昨天迟到，今天又迟到了。（重复）

　　　（32）一年又一年（反复）

　　　（33）那是三伏的第一天，又潮湿，又没有风。（相关）

　　　（34）又不是不努力，是条件太差了。（强调说话人立场）

　　　（35）看书呢，又。（告诉对方"我对你的关注"。对比：又看书哪。）

"又"的核心意义是表示"相同"。例（31）的语义理解是"迟到"这样的事情重复发生，表达一个客观事件，是真实世界中"相同"的行为。例（32）表示"相同"就不完全是客观的。因为客观世界的每"一年"都不一样，这里，真实世界中是否"相同"不重要，重在表现心理认识世界中"相同"。而例（33）里"潮湿"和"没有风"客观上是两种不同的状态，用"又"把这两种状态放在一起说，传达的信息是在说话人的认识世界中"相同"，即两者同属于"三伏天"的气候特征，这种联系是由说话人的认识建立起来的。如果删除"又"，则无法显示这种主观认识。例（34）的"又"并没有直接的客观的关联项，完全是说话人的评价。而（35）这种表达方式离"相同"更远，仅仅表达说话人对受话人的关注。我们把其中的"又"换成"你"（"看书呢，你。"），语句的命题意义不变。例（34）和（35）都可以把"又"删掉，而基本不改变语句的命题意义。

再如，下面的例（36）（37）中，第三人称代词"他"可以指某一类人，表现为"他"与"他们"可以交替使用。

（36）但是路学长他们不同，他不是翻译，他就是做电影的一批人。他们是读电影长大的人，或者说读影像更多，对影像更有悟性的人，他创作出来的东西会不一样。（调查语料）

（37）今天的演员在理论上他能知道四十年代、六十年代演员的基本感觉是什么，但他有很多时候有露出马脚来的东西，你要一点点去提示他。（调查语料）

更多相关现象可参看 Tao（1999）和方梅（2002）。

"去范畴化"是语言使用者的思维创新，这种创新使语言中呈现出大量的变异。从共时角度看，这些变异一开始往往是个人的、非正式的、出于某种语用需求而临时创造的。在长期的使用中，曾经是个人的、非正式的、临时创造的形式被多数人认可，则成为一种社会的、合语法的、正式的、严谨的规则。语法正是语言使用模式规约化（conventionalization）的产物。这种规约化演变涉及不同层面（参看 Givón，1979：208）[③]：

a. 历时层面：	松散搭配	>	严谨句法
b. 个体发生层面：	语用模式	>	句法模式
c. 合法性层面：	不合语法	>	合语法

d. 语体层面：　　　　　无准备的非正式言谈　　＞　有准备的正式言谈

从这个意义上说，语法是在使用中逐渐成型的，同时也是不断变化的，话语功能需求塑造了"语法"（语法化研究综述参看沈家煊，1994、1998；孙朝奋，1994；吴福祥，2004）。

5　小结

汉语篇章语法研究经历了三十多年的发展历程，总体上看，大致呈现两种不同的研究取向，一是以语篇角色（如背景信息）或语篇现象（如照应）为切入点，讨论相应的句法表现形式；二是以句法角色（关系从句）或句法范畴（如完成体/非完成体）为切入点，讨论句法形式的功能动因。前者着眼于篇章结构，后者着眼于句法解释。

近年来，随着话语分析研究的引入，以及对语言主观性研究的深入，汉语篇章语法研究开始关注篇章中交际参与者的主观化表现手段，也开始关注交际因素对语篇结构的影响和塑造。这些方面构成了汉语篇章语法研究的整体面貌。着眼于篇章结构的研究起步较早，而着眼于句法解释和交际因素对语篇结构影响的研究相对来说比较薄弱，是特别值得关注的领域。

附　注

①本书中引用例句分三类，一是书证材料，例句后括注出处；二是调查语料，例句后括注说明；三是笔者自拟例句，不逐一作括注说明。

②关于汉语话题研究，可参看：赵元任，1968/1979；Li、Thompson，1981；Xu、Langendoen，1985；沈家煊，1989；史有为，1995；张伯江、方梅，1996/2014；徐烈炯、刘丹青，1998/2007；Shi，1989、2000；屈承熹，2000；袁毓林，2002b；徐烈炯、刘丹青（主编），2003。

③原文如下：

a. Diachronic：Loose parataxis→Tight syntax

b. Ontogenetic：Early pragmatic mode→Later syntactic mode

c. Pidgins-Creoles：Nongrammar→Grammar

d. Register level：Unplanned-informal speech→Planned-formal speech

第二章
行为指称形式与话题结构

0　引言

众所周知，一方面，汉语里动词可以不改变其句法形态而直接扮演主语、宾语这些名词的典型句法角色，动词可以直接在主宾语位置上用作指称。另一方面，汉语里也确实存在着通过改变动词句法形态来指称行为的结构，例如所谓"N 的 V"式。

"NP + 的 + VP"主要用来指称行为，并且多数是已然事件，在篇章中表现出明显的回指特点。据詹卫东（1998）考察，做主语的"NP + 的 + VP"偏正结构都是回指上文的陈述。做宾语时，"NP + 的 + VP"有的是回指上文的陈述——59 个例句中有 20 例是明确回指上文的，其他非回指的"NP + 的 + VP"从交际角度讲都不是严格意义上的新信息。

与"NP + 的 + VP"功能相似，古代汉语中，"主 - 之 - 谓"也具有相似的功能属性。吕叔湘（1985）和王力（1980）认为，"之"的作用是化句子为词组（仿语），取消句子的独立性。朱德熙（1983）认为，"之"的作用是使谓词性的主谓结构转化为名词性的偏正结构，"之"是一个名词化标记。后王力（1989）否定原来的"词组化"说，转而认同"名词化"说。

宋绍年和张雁（1997）认为，"之"是自指化的形式标记，"之"字结构是自指化的主谓结构。李佐丰（1994）也采用"指称化"的说法。

洪波（2008）发现，除了句法上取消句子独立性之外，"主 - 之 - 谓"

结构所传达的信息都具有高可及性特征。不难看出，这个信息属性正是话题结构的基本要求。

从上面的研究不难看出，尽管汉语里，动词可以直接做主语不需要任何句法变化，但是这并不意味着篇章中对指称行为的话题性成分不做任何句法包装。

下面，我们将通过对北京话口语的讨论指出，话题属性对句法形式有优选要求。而且，在结构选择上，篇章中建立一个篇章话题与作为句子主语的句内话题有所区别。

1 指称形式与指称属性

1.1 指称形式

北京话里指示词"这"加动词构成的指称形式主要有两类，一是把"这"直接放在动词或带主语的小句之前，充当主语或宾语，下文称作 A 式。

A 式：这（S）VP

（1）我怎么不知道？我打小学一年级就开始装病都装到现在啦！这装病有几个窍门儿我教给教给你，开始你得假装疼得满地打滚儿……（《我爱我家》）

（2）结果是，曾国藩诬陷满族官员，削职自省。说到这儿，您还没明白吗？曾国藩这折子，道光皇帝到底看见了没有，别人又在皇帝面前垫了什么话儿，这处置又是怎么来的，您就撒开了想去吧。（《这里是北京》）

（3）衣食住行这四件事，对咱们百姓和对人家皇室完全不一样。今天咱们说"食"。这吃在宫廷里可是不那么简单。（《这里是北京》）

（4）这头脑有毛病是不是有遗传啊？咱们换人吧。（《我爱我家》）

二是把"这"插入主谓之间，充当主语或宾语，下文称作 B 式。

B 式：S 这 VP

（5）我跟你说，今晚上中国队这发挥太失常了。(《我爱我家》)

（6）我就佩服他这吃，他可是太能吃了。

接下来的问题是，上述两种指称形式是否存在意义和功能的分别。我们发现，A 式与 B 式的主要区别体现在两方面：

1）指称属性；

2）话题延续性。

下面分别讨论。

1.2　指称属性

通指（也称类指；generic）是把对象当成一个类别整体去指称，不指称语境中的个体对象。例如下文中的"鲸""研究生""本科生"：

（7）鲸是哺乳动物。

（8）研究生都很难找到理想的工作，更不用说本科生了。

单指（individual）是把对象当成一个个体来指称。如例（9）中的"他""客人"和"一支香烟"，例（10）中的"门口"和"一辆宝马"。

（9）他递给客人一支香烟。

（10）门口停着一辆宝马。

与名词指称事物相似，对行为的指称也同样存在着通指与单指的分别。前者泛指一类行为，后者指称具体行为。北京话里，A 式可以用作通指，如例（1）（3）；也可以用作单指，如例（2）（4）。B 式只用作单指，不用作通指，如例（5）（6）。

动词加"这"用作通指时，可以被"这种 + 上位概念名词"的形式来回指。例如：

（11）盘好了的核桃才值钱。不过这盘可是有讲究，有"文盘"和"武盘"之说。那什么叫"文盘"、什么叫"武盘"您知道吗？(《这里是北京》)

　　→ 不过（盘核桃）这种活儿可是有讲究。

（12）其实这伺候病人吧也没什么活儿，无非是每天都她漱漱口刷刷牙，擦擦脸洗洗脚，端端屎倒倒尿，喂水喂饭，按时吃药，不离左右，随叫随到，和颜悦色，不急不躁……（《我爱我家》）

→其实（伺候病人）这种事儿吧也没什么活儿，无非是……

（13）原本是大伙儿受慈禧的牵连，才遭此劫数。最终幸免于难了，却还要山呼着，托老佛爷的福，多亏了老佛爷的庇佑。看来这口不对心呐也算是大臣们练就的一种本事了。（《这里是北京》）

→看来（口不对心）这种事儿呐也算是大臣们练就的一种本事了。

而单指的时候，却不能用上述方式来回指，如例（2'）（5'）。

（2'）结果是，曾国藩诬陷满族官员，削职自省。说到这儿，您还没明白吗？曾国藩这折子，道光皇帝到底看见了没有，别人又在皇帝面前垫了什么话儿，这处置又是怎么来的，您就撒开了想去吧。（《这里是北京》）

→ *（处置）这种事儿又是怎么来的，您就撒开了想去吧。

（5'）我跟你说，今晚上中国队这发挥太失常了。

→ *我跟你说，今晚上（中国队这发挥）这种事儿太失常了。

不过，单指的时候A式可以用"这次"替换"这+动词"里的"这"，如例（2''）。

（2''）结果是，曾国藩诬陷满族官员，削职自省。说到这儿，您还没明白吗？曾国藩这折子，道光皇帝到底看见了没有，别人又在皇帝面前垫了什么话儿，这处置/这次处置又是怎么来的，您就撒开了想去吧。

值得注意的是，A式可以用作通指也可以用作单指，与B式不同在于，B式用作单指的时候，往往具有特指（specific）意义，这与北京话"这"加在领属定语与名词之间的功能是一致的，都指称言谈现场的事物。例如：

（14）我这头疼得我想死的心都有。

（15）今_儿这肘子啊，差点_儿意思。不是我不成啊，<u>您这肉不成</u>。这您家里预备的肉不成。（《情满四合院》）

因此，北京话这种指称行为的句法手段可以看作事物指称手段类推的结果。下文第二节将详细讨论这个问题。

归纳起来，两类形式的指称意义分布如下：

表 2 - 1　指称意义差异

	通指	特指
这（S）VP	+	-
S 这 VP	-	+

查王力（1980）《汉语史稿》、吕叔湘（1985）《近代汉语指代词》、太田辰夫（1958）《中国语历史文法》和太田辰夫（1988）《汉语史通考》，上述两种行为指称形式都没有论及。

对前贤著述引述较多的《语言字迹集》《燕京妇语》和《小额》等北京话文献又进行了查阅，也没有发现这类形式。因而我们可以比较肯定地说，直到19世纪，本章讨论的两种行为指称形式都未出现，因此，在谓词前加"这"或中间嵌入"这"应是比较晚近的现象。

我们认为，用"这"加在动词或小句上构成指称形式，它的形成机制主要是类推。A式是对"这 + 名词"用于名词前指称事物这一功能的类推；B式是对"人称代词 + 指示词 + 名词"的类推。

A式与"这 + 名词"在分布和功能上具有平行性，都具有建立话题的作用。B式用作指称言谈现场发生的行为或回指前面语境中叙述过的行为，不用作建立篇章话题，而与语法系统中已经有的"人称代词 + 指示词 + 名词"在分布和功能上具有平行性。下面分别讨论。

2　话题连续性

在用名词指称事物的时候，选用不同的形式（例如代词还是名词、光杆名词还是名词短语、一般性修饰结构还是关系从句）取决于语篇需求。

同理，在指称行为的时候，也会以不同方式显示这个被提及的行为与语境中已述行为之间的关系。

2.1　指示特征

从语境的依赖方式来看，通过加"这"所构成的行为指称基本有两类情形：1）外指的；2）内指的。

2.1.1　外指

直接指称言谈现场的行为。例如：

（16）A：总让您一趟一趟跑怪不落忍的。
　　　　B：我这还钱不也是应该的嘛！

（17）我都上车了，你这不拉我是不是拒载啊！

这类用法中，"这"后面的动词所述行为在前面的语境中并未出现过，但却是谈话现场当下实际发生的。

值得注意的是，这类"S这VP"做话题，还可以被一个指代词"这"回指。例如：

（18）秦淮茹，冷静啊，咱冷静冷静，不能这么着。你这半夜三更打架，这真快离了婚了这个，我跟你说呀。（《情满四合院》）

在上面这个例子中，"半夜三更打架"是陈述说话现场发生的事件，而"你这半夜三更打架"则是指称，并且在下一个小句用"这"来回指。

2.1.2　内指

包括两小类：一是回指前面言谈中论及的行为；二是指称与前面言谈中论及的行为相关联的行为。

1）回指。用与前面言谈中出现过的相同的动词加上"这"来回指。例如：

（19）A：过去这个想法就不对，净想发财，这叫什么思想呢！
　　　　B：就是嘛！

A：发财的思想我可没有。

B：你比他们强。

A：提起这发财来有个笑话。（相声）

（20）你瞧你生什么气呀，这生气能管什么用啊……（《情满四合院》）

这类用法中，"这"后面所述动词在上文中已经出现过，回指动词可以与前面话语里出现过的动词同形，如例（19），也可能是部分同形，如例（20）。"这 + 动词"与"这 + 名词"一样，具有话题连续性。

2）关联指。"这"后面的动词在上文中并未出现，但在上文中已经涉及该动词所指称的行为。例如：

（21）康六：宫里当差的人家谁要个乡下丫头？

　　刘麻子：这不你女儿命好吗？

　　康六：谁呀？

　　刘麻子：大太监，庞总管！你也听说过庞总管吧？伺候着太后，红得不得了哇！人家家里头，打醋那瓶子都是玛瑙的！

　　康六：这要孩子给太监做老婆，我怎么对得起女儿呀？（老舍《茶馆》）

上面的例子里，"要孩子给太监做老婆"指的就是前面说到的"宫里当差的人家谁要个乡下丫头"，只是叙述的角度有所不同。前面是从"娶"的角度说，后面是从"嫁"的角度说的。从信息状态的角度说，"要孩子给太监做老婆"属于可激活信息。再如：

（22）A：您说您这一下午嗑那么些瓜子儿您不怕咸着啊？

　　B：抽烟不咸你们让我抽吗？志新呐，你那儿还有没有富余的香烟呐？上次我给你的那包云烟，你看现在，真家里没有人，天知地知你知我知……

　　A：破坏您这戒烟这责任我可担当不起。（《我爱我家》）

上面的例子里，虽然前面的言谈里没有直接出现"戒烟"，但是 B 通过反问句先说到了自己被限制抽烟。因而从信息状态的角度看，也属于可激活信息。

2.2　篇章分布

A 式"这（S）VP"和 B 式"S 这 VP"在语篇中的分布概括为下表：

表 2－2　不同指称形式在语篇中的分布

	这（S）VP	S 这 VP
现场性的且首次出现于言谈	+	+
非现场性且首次出现于言谈	+	（+）
动词与已述形式同形或部分同形	+	+
概念或共有知识关联性的	+	+

　　显然，"这"的位置差异显示所指称行为的篇章地位差异。两相比较，内嵌"这"字的 B 式比前加"这"的 A 式对语境的依赖性要强。B 式要求所指称的行为是言谈现场发生的或者是前面言谈内容已经谈到的。

　　A 式里的动词与前面的陈述形式可以是同形，如例（1）（11）；可以是部分同形，如例（20）；上述两类情形都可以看作是回指性的。A 式里的动词与前面的陈述形式也可以是知识关联性的，如例（21）；还可以是前面的谈话里全然没有陈述过的行为，如例（4）。而 B 式如果首次出现，必然是以言谈现场实际发生了该行为为条件。上表里"（+）"表示比较少见，我们的材料里仅发现 1 例相应类型的用例，见下文例（28）。

　　回指性的 A 式具有将陈述形式标记为话题的作用，类似的例子如上文（19）和（20）。例子里如果不用"这"，可以理解为连续行为，也可以理解为条件状语。但是加了"这"以后，彰显了话题性，"这＋VP"整体确立了话题身份的解读。

　　A 式还可以用在首次提及某一类行为。例如：

　　（23）看我说什么来着，这妈把傻爸推出去，有人正巴不得呢。这回好了，咱妈做了一件全天下最傻的事儿。（《情满四合院》）

　　上面 1 例，小句句首如果不用"这"仍旧是合法的句子。例（23）冠以"这"是用作凸显话题"妈把傻爸推出去"，下面接下去对"妈把傻爸推出去"进行评论，"咱妈做了一件全天下最傻的事儿"。

不仅"这VP"后面可以有停顿，构成一个话题；"这SVP"后也可以有停顿，"这"加在条件小句前，用"这"将条件小句包装成一个话题。例如：

(24) 槐花：　三大爷爷，要照您这么说，<u>这女人要是嫁给哪个男人</u>，她就像哪个男人啊？

　　三大爷：那是，这就叫潜移默化。(《情满四合院》)

(25) 工作是开玩笑的事情吗？投资这么大，你以为钱是用气吹来的吗？你不来，<u>这菜品马上下来了</u>，客人怎么说，没有客人来怎么办？(《情满四合院》)

这样的"这SVP"是小句话题，其后的评述可以是一个小句，也可不限于一个小句。

上述用法与北京话里对新信息名词性话题的表达形式具有平行性，都具有建立话题的作用。

北京话的"这"可以用作话题标记，引入一个新信息名词，把一个新信息做成一个"像"旧信息的形式（详见方梅，2002）。例如：

(26) 你知道吗，就<u>这外国人</u>呐说话都跟感冒了似的，没四声。

指称事物的时候，不同的名词形式往往体现不同的指称属性（参看陈平，1987a）。汉语里，光杆名词有可能是无指的，不指涉语境中任何实体，如"我习惯吃食堂"里的"食堂"。有可能是有指的，指涉语境中的实体，如"我在去图书馆的路上看到一个食堂"里的"食堂"。或有指且为定指性的，如"今天食堂有节日加餐"里的"食堂"。也有可能是通指性的，如"食堂也就是个让人填饱肚子的地方，怎么能满足特色口味呢？"里的"食堂"。

就例（26）来说，如果去掉"外国人"前面的"这"，"外国人"仍旧是通指性的，如例（27）。

(27) 你知道吗，就<u>外国人</u>呐说话都跟感冒了似的，没四声。

"这"的作用并不全在于锚定"外国人"的通指属性，应另有作用。那么有"这"与无"这"的区别在哪里呢？我们认为主要是建立话题。作为一种指称形式，需要满足语篇中对语篇连贯性和话题延续性的需求。"这"具有较强的延续话题功能，并且可以用来对一个全新的概念进行有定指称包装（参看方梅，2002）。

B式"S这VP"对语境的依赖比较强。"S这VP"（如"他这吃/中国队这发挥"）多用作指称言谈现场发生的行为或回指前面语境中叙述过的行为。首次指称某行为而用B式的，我们收集的材料中仅见1例。如下：

（28）重要的在于参与啊，还有三等奖，三等奖，三等奖也非同小可，香港七日游。这还真麻烦，麻烦啦，麻烦了，还得现学广东话。你到了香港，像我嫂子这跑丢了，跟香港警察叔叔你说不清楚。（《我爱我家》）

与A式不同，这里虽然是首次出现在语篇中，但仅仅作为偶现信息，在后面的谈话里不被回指，不是用作建立话题的。

B式与语法系统中已经有的"人称代词＋指示词＋名词"（如"我这胳臂"）在分布和功能上具有平行性。"人称代词＋指示词＋名词"结构也是用于指称存在于言谈现场的事物，或回指前面语境中已经提及的事物，而不用来建立话题。

3 "这"的性质和功能

3.1 非谓性短语标记

值得注意的是，无论A式还是B式，用了"这"以后就形成了一个句法上不自足的小句。因此，从句法层面上看，虽然用"这"是语用需求驱动的，但是其句法后果是将一个谓词（在汉语里主要用作陈述有时也可以直接用作指称）"锚定"为一个非谓性指称形式。

首先，加了"这"以后，可以做体宾动词的宾语，例如：

（29）a. 我就佩服他这吃。

b. *我就佩服他吃。

第二，可以进入只有名词才能进入的框式结构之中。

（30）a. 这弘昼的荒唐之处，还真是不仅限于这出言不逊上。
　　　b.?这弘昼的荒唐之处，还真是不仅限于出言不逊上。

第三，无论 A 式还是 B 式，其中的动词已经部分失去作为陈述性成分的句法能力。从我们收集到的用例看，动词后一般不带时体标记。即便是谈论过去的经历，也不能用"过"。对比：

（31）a. 这我馋涎那姑娘已经不是一天两天了。自打初中那会儿就递小条儿，人家根本瞧都不稀罕瞧。
　　　b. 我馋涎过那姑娘。自打初中那会儿就递小条儿，人家根本瞧都不稀罕瞧。
　　　c. *这我馋涎过那姑娘（已经不是一天两天了）。自打初中那会儿就递小条儿，人家根本瞧都不稀罕瞧。

因此，我们认为，说指示词"这"可以用作名词化标记未尝不可。

"S 这 VP"整体上是一个偏正结构。B 式"S 这 VP"指称行为与"人称代词＋指示词＋名词"（如"我这胳臂"）指称事物格式一样，要求指称对象要么是存在于言谈现场的，要么是前面语境中已有的，具有"当下性"。这种篇章分布从一个侧面说明，格式中的"这"仍旧保留着指示词的特性，因而还不能说它已经虚化成了一个定语标记。

现在回答本章开篇提出的问题，既然汉语语法系统允许动词直接做主宾语来指称行为，为什么还会通过句法结构变化来指称行为？其原因在于，"这"具有较强的建立话题和延续话题的功能，并且可以用来对一个全新的概念进行有定指称包装（参看方梅，2002）。虽然用"这"是语用需求，不是句法限制（特别是在主语位置上），但是，因这种语用需求产生的后果却形成了一个句法上不自足的指称性非谓形式。

3.2　与话题名词短语的共性

A 式用作指称行为是名词性形式指称事物的类推。两者之间在指称属性、篇章分布和篇章功能上都具有一致性。

篇章分布上看，"这"在动词前面与"这"在名词前面的分布大致相当。

表 2-3　"这"在动词前与在名词前的篇章分布

	这 + (S)VP	这 + N
现场性的且首次出现于言谈	+	+
非现场性的且首次出现于言谈	+	+
与已述形式同形或部分同形的	+	+
概念或共有知识关联性的	+	+

从指称属性上看，与"这"在名词前一样，"这 +（S）VP"可以用作单指（如例（29）），又可以用作通指（如例（11）（12））。如下表所示：

表 2-4　"这"在动词前与在名词前的指称属性

	单指	通指
这 + N	+	+
这 + (S)VP	+	+

上述指称属性和篇章功能上的一致性，可以作为共时系统中类推的佐证。

从历史材料看，早期单指用"这 + 一 + 动词"形式，不用"这 +（S）VP"。例如：

（32）起初在第一审的时候儿，遇见一个浑蛋推事，给判了一个乱七八糟，搁谁身上，也忍不了这个蹩脖子气，我自然是得上告喽，上告以后，前后遇了有五六堂，耽延好几个月的工夫，好容易这才判决，把官司算正过来啦，事情总算有喽头儿啦，哪知道这个姓王的又不甘心，他又上告啦，我想这回的判决判的结结实实的，他就上告，还有什么可说的呢，所以我就没理他，那知道钱能通神，这个姓王的，又请喽一个律师，不是怎么啾咕的，会又发回原审啦。这一发回原审，又不定得多会儿才能完呢，你说这事多们麻烦，够多们教人可气呀！（《京语会

话》）①

（33）胎里坏告辞，额大奶奶又说了些个好话。胎里坏连说，应当尽心，同着李顺笑嘻嘻的去了。胎里坏这一去，应了一句俗语儿啦，真是羊肉包子打狗，从此就永不回头了。（《小额》）

但是，从分布上看，"这＋一＋动词"多数是做时间或条件状语，这种用法一直延续至今，且与当代北京话的"这＋（S）VP"的距离较大。所以，我们更倾向于"这＋（S）VP"由名词短语"这＋N"类推而来。

3.3　回指差异

从我们的收集的材料看，较早的"S这VP"用例见于清末民初的《京语会话》。例如：

（34）天下无论什么事，非经过的不知道艰难，你说他一手托天，你可知道他这一手托天才有说不出来的苦呢。（《京语会话》）

不过，我们推测，"S这VP"的早期形式应是"S这个VP"。因为在同一语篇里，"S这个VP"与"S这VP"可以换着说。例（34）是用"他这一手托天"回指"他一手托天"。而下面一例插入的是"这个"。例如：

（35）您兄弟一辈子钱都不少挣，可惜是一文没攒下，这事瞒不了您纳，我可没花着多少，我们娘儿们，并未享了多少福，因为他好花。我都求您劝过他，现在钱也花完啦，他也撒手不管啦，他闭眼的那一天，所有的衣衾棺椁，都是赊了来的，到如今还没给人家钱，抛下大小五口儿，那一天都得吃，屋里的东西已经是当卖完啦，往后一天比一天冷，孩子的衣裳是都没有呢，将来如何是了呢？"

"提起我这个兄弟来，也实在令人可恨，世界上生来一个人那儿有不虑后的呢，因为他这个好花，我得罪过他，有多少次，他只是不以为然，到了儿把钱也都作践没啦，把身子骨儿也作践坏啦，留下这们一群业累，教别人看该怎么办呢？"（《京语会话》）

这一例是用"他这个好花"回指"他好花"。

　　清末民初"S 这个 VP"与"S 这 VP"两个格式是并存的，两者都是回指性的。不过，我们没有看到这种嵌入式在动词后做宾语的例子。因而"S 这个 VP"与"S 这 VP"只能看作指称形式，很难说它们是名词化形式。

　　主语与谓语之间直接嵌入"这"是现代北京话才有的。"S 这 VP"是"S 这个 VP"脱落了"个"的产物。经历了下述演变：

$$主 + 这个 + 谓 > 主 + 这 + 谓$$

　　当代材料里，"S 这 VP"如果是非回指性的，不能把"这"换成"这个"，而回指性的"主 + 这 + 谓"中的"这"，仍可以换成"这个"。

　　不过值得注意的是，上面《京语会话》这两例的"S 这个 VP"和"S 这 VP"都不指称具体行为，而是指称一种惯常行为，在提及一个已经叙述过的具体行为时用"这们一"或"这一"。但是，用"这们一"或"这一"来提及一个已经叙述过的具体行为仍旧是一个陈述而不是指称。例如：

　　（36）小文子儿的媳妇听见自己当头人也进了衙门啦，心里一难受，回到自己的屋子里，数数落落的就哭起来了。一边儿哭，一边儿骂小脑袋儿春子。他这一哭不要紧，招的额大奶奶也哭起来（同是一哭宗旨各有不同）。王亲家太太一瞧婆媳彼此这们一哭，可真急啦，……（《小额》）

　　（37）额大奶奶一听，立刻慌啦，说："别加呀。你瞧老仙爷刚给治的好点儿（皆因是治的好点，才要走呢），这是怎么说？千万可别走，您要行好，行到了儿。"额大奶奶撒开了这们一挽留，老张说："既然我们太太这样儿的留你，你就待两天再走。"（《小额》）

　　（38）再说王大狗子辞别了田先生，赶紧到了额家。额大奶奶给王亲家这们一道谢，说："让亲家老爷分心受累。"（《小额》）

　　例（36）是指前文叙述过的行为，例（37）是复述言谈现场对话发生的行为，例（38）则指下面要说到的行为。

　　这类格式是一种弱化的谓词形式（参看方梅，2002），一直延续至今。在当代北京话里，"这 + 一 + 动词"可以形成一个话题性的非自立小句，例如：

（39）隆裕一琢磨，得了，念你李莲英对我还算恭敬，给你分套房子，就在京城养老吧。于是就有了这座北长街的李莲英故居。房子是不错，装修也够档次。但李莲英为什么要搬到西棉花胡同呢？因为他怕惹事儿。李莲英这一退休啊，正应了那句话，墙倒众人推，是破鼓万人捶呀，没靠山了。（《这里是北京》）

我们认为，当代北京话"S 这 VP"指称具体行为来源于"主语＋这一＋动词"。其中的"这"，语音形式是 zhèi，不是 zhè，这个读音透露出应该是"这"与"一"合音而来的，与北京话回指性名词短语里的"这"语音相同。

4　小结

在主谓陈述小句里嵌入指示词这种句法变形手段古已有之，即"主－之－谓"结构。这种结构可以做主语，也可以做宾语。例如：

（40）a. 人之爱其子也，亦如余乎？（《左传·昭公十三年》）
　　　b. 不患人之不己知，患不知人也。（《论语·学而》）

虽然现代北京话的"S 这 VP"与古代汉语的"主－之－谓"结构之间没有直接的承袭关系，但是我们却能看到，篇章功能需求对塑造句法结构的直接推动力。

值得注意的是，古代汉语"主－之－谓"所表示的"事件"要么是交际双方已知的，要么是交际对象根据"言语语境""物理语境"或者自己的"百科语境"可以推知的（参看李佐丰，1994；洪波，2008）[2]。古汉语"主－之－谓"结构与当代北京话"S 这 VP"在语篇分布上具有一定共性，都用来表现已知信息或可激活信息。

关于"主－之－谓"结构，王力（1980：397）认为，在中古以后，口语中渐渐丧失了这种结构，只有古文作家模仿这种结构写成书面语言。大约在口语中的"的"（底）字产生后，这种结构就在口语中绝迹了。也有学者认为此结构在西汉初年大大衰落，南北朝初期已在大众口语里消失（王洪君，1987）。不过，"主－之－谓"结构的存在至少说明，嵌入指示词这种句法手段是汉语里固有的结构形式。

　　尽管从古至今，汉语语法系统都允许动词直接拿来用作指称，但是古今都存在通过改变句法形式来指称行为的手段。无论是古代汉语用"之"还是现代书面语用"的"③，以及现代北京话用"这"，这种句法改变在篇章功能上具有一致性。

附　注

①《京语会话》是清末民初的汉语教科书。相关历史背景可参看张美兰、陈思明（2006）。

②洪波（2008）提出这类结构指称的行为具有较高的可及性，洪文的解释是：我知道的事情，你很可能也知道，属于高可及性信息，所以加"之"；我听说的事情，你很可能没听说过，属于低可及性信息，所以不加"之"。"之"是定语标记。沈家煊和完权（2009）认为这类结构的"之"仍是指示词，"之"的作用在于提高"指别度"。

③张敏（2003）认为"NP 之 VP"出现在战国金文、《尚书》和《诗经》中，即春秋战国时代已经存在，在这种"之"产生并开始广泛运用的时代，定语标记"之"反而未曾成熟，还可视为指示词。

第三章
指示词单双音形式的功能差异

0 引言

在汉语指示词语法功能的研究中，相当一些文献讨论指示词的功能时，对单音节形式与双音节形式并不作区分。但是，如果观察实际语料就会发现，"这"与"这个"、"那"与"那个"在指称功能、概念域扩展及篇章功能方面都存在显著差异。

在指称功能方面，"这"和"那"的独立指称能力远不及"这个"和"那个"。表现为：作为代名词使用的时候，"这"和"那"在"把"字结构和"被"字结构中的使用受限。做主语的时候，"这"和"那"都可以不指称个体性对象，用作语篇指；"这"还可以指言谈当下的状态或当下时间等。作为饰名成分使用的时候，"这"与"这个"、"那"与"那个"的功能差异更为显著。

语篇中引入一个新的言谈对象时，倾向于用"这 + 名词"直指现场对象，而"这个""那个"类双音节形式用在名词前时，其功能在于指别。

1 语法功能差异

指示词有两个基本功能：1）直指，指示谈话情景中存在的客观实体；2）回指，指示上文提到的对象。直指是指示词的基本功能。指示词指示上文提到的命题、事件或言语行为时，是篇章直指（text deixis；Lyons，1977：

667－677）。

从指称功能看，"这/这个"、"那/那个"的基本功能可分为两大类。

1）单独用来指称话语中的某个确定的对象，即所谓"替代"。如："这是新发的工作服。"

2）在名词前面充当限定成分，即所谓"指别"。如："那演员是奥斯卡得主。"

无论是替代还是指别，都可以针对其所指对象用"哪个"来提问。如："哪个是新发的工作服？""哪个演员是奥斯卡得主？"换句话说，指示词本身或者指示词与其后的名词一起，用于指称一个在说话人看来听说双方确知的对象①。

前者是指代（demonstrative pronoun），后者是饰名（demonstrative adjective）。如果我们把单音节形式与双音节形式放在这个功能框架里去考察，其间的差别是显而易见的。下面分别从指代功能、饰名功能两方面来讨论。

1.1　指代功能

就充当论元成分而言，双音节形式指称个体性对象的能力远远胜过单音节形式。表现为以下两个方面。

1）单音节形式在主宾语位置上受到限制

其一，作为指称手段，单音节形式做宾语受到限制。比如下面例子里的"这个""那个"，都不能换成单音节形式的"这"或"那"。例如（除特别标注外，下文引用例子为笔者收集的语料）：

（1）赶紧把那老太太给我弄走，我跟你说，我这暴脾气我受不了<u>这个</u>［*这］。真难为您，那漫长的青少年岁月是怎么熬过来的！

（2）你带上<u>这个/那个</u>［*这/*那］，路上用得着。

（3）我没见过<u>这个</u>［*这］，不是我们宿舍的东西。

即便是在具有同指关系的句法框架内，"这""那"在宾语位置上也同样受到限制。例如：

（4）a. 这/那是我们店里最贵的腕表，您看看<u>这个/那个</u>。

　　　b. *这/那是我们店里最贵的腕表，您看看<u>这/那</u>。

其二，虽然单音节形式可以用作独立指称，如（4a）。但是，当单音节形式的并列结构做主语的时候，就有一定限制。例如：

（5）a. 这个和那个是我们店里最贵的两款腕表。
　　　b. *这和那是我们店里最贵的两款腕表。

单音节形式的"这"和"那"作为代词的语法分布受限制，这也可以从它与人称代词的对比上看得更加清楚。例如：

（6）我真受不了她，张口闭口就是我爸有路子。
（7）这小伙子能喝，出差带上他，遇上饭局你就靠他吧。
（8）我没见过他，肯定不是我们宿舍的。

宾语位置并不排斥单音节代词。可见，"这"和"那"在作为独立指称形式时所受到的语法限制与音节数本身无关，应不是韵律限制所致。

2）单音节形式在"把"字结构和"被"字结构中受限制。在"把/被"结构中，单音节形式不及双音节形式自由。例如：

（9）把这个/那个［*这/*那］带上，路上用得着。
（10）亏得你提醒，我怎么把这个［*这］给忘了！
（11）别硬拽。鞋带儿被这个［*这］套死了，越拽越紧。
（12）你要是被这个［*这］给吓住了，那后边的事就不好办了。

单音节形式"这""那"用作独立指称的能力很弱，尤其指称个体对象能力有限。除非用在对举语境，否则单音节形式一般是不单独做宾语的。例如：

（13）她今天喜欢这，明天喜欢那。总买新衣服，还总说没衣服穿。
（14）a. *我喜欢这，你给我买吗？嫌贵了吧？
　　　b. 我喜欢这个，你给我买吗？嫌贵了吧？

值得注意的是，例（13）"这"和"那"对举时指称的并不是个体对象。可见，虽然指示词可以直指一个对象，将一个谈论对象导入言谈，但是，实际使用中单音节形式与双音节形式是有分工的。

1.2 饰名功能

由于单音节形式指称个体对象能力受限，它构成限定性定语的能力也不及双音节形式。在以并列结构做定语的时候，单音节形式和双音节形式具有不同的表现。一方面，单音节指示词构成的并列结构难以用来独立指称，如上文例（5）。另一方面，单音节指示词构成的并列结构也很难修饰名词。如：

> （15）a. 这苹果是刚摘下来的。
>
> b. 这个苹果和那个苹果是刚摘下来的。
>
> c. 这个和那个苹果是刚摘下来的。
>
> d. *这和那苹果是刚摘下来的。
>
> （16）a. 我尝了这菜/那菜，味道不错。
>
> b. 我尝了这个菜和那个菜，味道不错。
>
> c. 我尝了这个和那个菜，味道不错。
>
> d. *我尝了这和那菜，味道不错。

从上面的例子可以看出，单音节和双音节形式在并列删除方面的能力是不同的。

指示词的饰名用法也有限定与描写两类。前者是要指别，将一个事物与另一个事物相区分；后者则没有指别功能。单音节形式做修饰语用作指别的时候，"那"可以换成双音节的"那个"，说成"那（个）苹果坏了"或"那个我昨天放在桌上的苹果坏了"。

除了指别、区分"哪一个"，指示词修饰名词也可以是描写性的，如（17a）中的"那"的用法。但这种描写性修饰语排斥双音节形式，如下面（17b）：

> （17）a. 我的脸被连续发射的炮火硝烟熏得漆黑，我的心却用真正鲜红的血液推动着、搏跳着。……从那摧毁一切、排山倒海的炮火中，我吸取了伟大的力量，是那么激昂、亢奋！
>
> （王朔《空中小姐》）

b. *我的脸被连续发射的炮火硝烟熏得漆黑，我的心却用真正鲜红的血液推动着、搏跳着。……从<u>那个</u>摧毁一切、排山倒海的炮火中，我吸取了伟大的力量，是那么激昂、亢奋！

例（17a）这种用法属于指示词的认同用（详见第3节）。

所谓认同用是指通过指示词引入一个可辨识性较弱的谈论对象。认同用只用在名词性成分之前修饰语的位置，具有"唯定"分布特征，但是从指称功能上看，它不是用来指别、区分"哪一个"的。这种用法既非指别又非替代，不能换成双音节形式。认同用后面的名词不依赖上文或言谈现场实际存在的对象（另参看方梅，2002）。例如：

（18）他也给我介绍了这样一位姑娘。我努力了，但终于忍受不了她习惯性流露的轻佻口吻以及<u>那/*那个</u>总是罩在我心头的淡淡迷惘。（王朔《空中小姐》）

（19）用<u>那/*那个</u>晶莹清冽的全部激情，将我身心内外冲刷得清清白白。（王朔《空中小姐》）

上面谈到，单音节形式"这""那"用作独立指称的能力很弱，尤其指称个体对象能力有限。这个特点，使得它不宜用作非指别性修饰语。

2　指示范畴扩展

单音节指示词指称个体化对象时功能有别于双音节指示词，这个特点也是单音节指示词指示域扩展和进一步虚化的基础[②]。单音节指示词的功能扩展表现为从指空间关系上的"当下"到指当下时间，还可以指方式。

2.1　修饰语关联标记

由于单音节形式可以不指称个体对象，也不用于区别个体对象，而仅仅用作直指。这个特点使得单音节成分有可能进一步向修饰语关联标记发展。[③]

单音节指示词可以用在领属关系修饰结构中，而不具有指别作用。例如：

（20）姑娘，你爹爹年轻的时候对不住你奶奶，<u>他这心里头</u>就够难受

的了。你把<u>你这亲爹</u>给他留下，多少对他心里是个安慰呀。(《我爱我家》)

值得注意的是，这里的"这"与修饰语与被修饰名词之间的"的"不同。其主要差异在于，用"这"连接的名词短语，要求所指对象具有"当下性"，或存在于言谈现场，或存在于上文语境。而用"的"没有这个限制。也就是说，与真正的修饰语标记"的"不同，指示词的这种用法保留了其基本的空间指示意义。

上述用法的单音节形式都不能替换为相应的双音节形式。例如：

(21) a. 我<u>这俩腿</u>疼得我啊都下不了地。
　　 b. *我<u>这个俩腿</u>疼得我啊都下不了地。
(22) a. 我<u>这心</u>碎得，捧出来跟饺子馅ㄦ似的。
　　 b. *我<u>这个心</u>碎得，捧出来跟饺子馅ㄦ似的。

也正是由于指示词的这种用法保留了空间指示功能，因而不能用于非现场性对象。在这个位置上，更倾向于近指代词"这"，而远指的"那"受限制。

"这"还可以出现在同位性名词短语的修饰语与被修饰名词之间，同位性名词短语中的"这"也不能换成双音节形式"这个"。例如：

(23) a. <u>他们这年轻人</u>基本功差点ㄦ，能帮衬我就帮衬一把。
　　 b. *<u>他们这个年轻人</u>基本功差点ㄦ，能帮衬我就帮衬一把。

口语自然交谈时，说话人在言谈进程中"找词"的时候，经常用"这个"占位，以保持话语权。这种"这个"不用作指别，不回答"哪一个"的问题。例如：

(24) ……就把棒子面ㄦ啊磨得很细很细，做出来，丁不点ㄦ大的小窝头儿，啊，很小的小窝头ㄦ。里头还放上<u>这个</u>=蜂蜜啊，<u>这个</u>=糖啊什么等等的，做得精制的，给她端了一盘ㄦ来了。

这种用法往往伴有语音的延长（上例标为"="）。这种话语标记用法的产生，从一个侧面说明双音节指示词的独立指称能力强于单音节形式。

　　同样的句法位置，相对而言，"那"的空间意义和个体指称意义都要更显著一些，表现为可指称非现场性对象。而"那"是否可以换成"那个"，取决于被修饰名词的个体性以及是否需要专用量词。对比下面 a 句与 b 句：

　　（25）a. 看她那病歪歪的样子，来一阵风就会把她吹倒。
　　　　　b. 她哭了，说起她那被伤害的感情，说那原是一片痴情。

　　上例中，a 句"那"可以换成"那个"；b 句"那"不能换成"那个"，因为说到"感情"，量词一般用"段""份"，不用"个"。

　　上述"这个""那个"受限制的现象可以从另一方面佐证张伯江（2010）的观察，即：人称代词后面的指示性成分以体现主观性意义为主要功能[④]。

2.2　"这"指当下时间

　　"这"的功能还表现为从指当下空间到指当下时间。例如：

　　（26）和平：……扶我一下，我站不住，晕……
　　　　　志国：我这₁腿发软我。
　　　　　圆圆：我这₂浑身也不对劲ᵣ！（《我爱我家》）

　　上例中有两个"这"。"这₁"貌似可以换作"这个"，但是意思不同。由于"腿发软"是对状态的描述，并不单指某一条腿，从具体语境看这一例的"这₁"不能替换为"这个"，也不能在"这"上加重音说成"我#这腿发软我"。"浑身不对劲ᵣ"也是状态，"这₂"既可以理解为空间指示，也可以理解为时间指示，即指当下的状态。同"这₁"一样，不能在"这"上加重音，说成"我#这浑身也不对劲ᵣ"。

　　指说话当下时间的时候不能换成"这个"，可以换成"现在"。如：

　　（27）我这/现在不活得好好的吗，你不还没守寡呢吗？什么时候我不在了，你再看圆圆信解闷ᵣ吧啊。（《我爱我家》）
　　（28）志国：端起碗吃肉，放下碗骂娘。跟十年前比比，咱们家的
　　　　　　　　生活水平明显提高了嘛！
　　　　　和平：那是！要是跟旧社会比，咱这/现在还相当地主了呢。

（《我爱我家》）

（29）我还呆什么呀？我还怎么呆呀？我 <u>这/现在</u> 就归置东西，明天早上就走！（《我爱我家》）

2.3　"这"指方式

"这"指方式是"这样的"或"这么"的意义。这种指方式的"这"也不能换成双音节的"这个"。例如：

（30）傅老：没说要走啊？那就再住两天，没关系的。

　　　和平：爸，瞧您 <u>这/* 这个</u> 吞吞吐吐的，您是不是嫌我妈烦哪？（《我爱我家》）

有空间距离区别意义的直指功能是指示词的基本功能，其他功能属于衍生用法，指示词这种关涉到空间距离意义的直指功能是语言中其他词类成分无法替代的功能（参看 Lyons，1977；Himmelmann，1996）。

3　篇章功能

3.1　话语功能的单双音节不对称

Himmelmann（1996）从语言类型学的角度，提出了指示词具有四类普遍功能，并指出这四类功能的区分有形式上的证据（汉语用例详见 Tao，1999；方梅，2002）：

1）情境用（situational use）。指示存在于言谈参与者周围客观世界中的对象，关涉到与指示中心的相对距离。情境用就是一种典型的直指功能，在 Lyons（1977）里这种功能称为直指（deixis）。

指示词作情境用时，所指对象存在于言谈现场或者在谈话所述事件的情景当中。指示词用来引入一个谈论对象。如下例（31）里面用于独立指称的"这""那"。

（31）<u>这/那</u>是干什么用的？

这种用法的"这/那"是否可以换成"这个/那个",不取决于被指称对象客观上是不是具有个体性,而取决于说话人是否要传递个体指称意图。例如:

> (32) a. 得,我也不怕寒碜,你看这₁腿,这₂就是跪搓板_儿跪的!
> (《编辑部的故事》)
> b. *得,我也不怕寒碜,你看这腿,这个就是跪搓板_儿跪的!

例(32a)有两个"这"。"这₁"在"你看这腿"里如果换成"这个"意思就不一样了,从直指当前事物变成了区别"哪一个";"这₂"不能换成"这个",如例(32b),因为语境里"这"指的是说话人腿上青紫的状态,而非个体对象。

2)语篇用(textual use)。指示邻接的话语片段,以命题或事件作为所指。语篇用的概念相当于 Lyons(1977)所说的篇章直指(discourse deictic)。

指示词作语篇用时,所指为上文的陈述或者上文所述事件。如下例(33)的 that 和例(34a)的"这"。例(34a)的"这"不能换成"这个"。

> (33) Then he killed his dog and that is the end of his story.
> (34) a. 什么?全走?这可不行。
> b. 什么?全走?那可不行。

例(34b)的"那"的用法,实际是连词用法(参看《现代汉语八百词》"那"条目),也不能换成"那个"。

3)示踪用(tracking use)。指示词作示踪用是回指用法,所指对象是上文语境中已经引入了的言谈对象。这种用法属于吕叔湘(1985)在《近代汉语指代词》里所说的"指别"用法,是用来区别"哪一个"的。例如:

> (35) 我以前在四川的时候记得、看见有些个人呐,没钱,没办法_儿买菜呀什么等等,就弄着一碗饭啊,向这个饭上面倒上一包辣椒面_儿,红辣椒面_儿啊。

4)认同用(recognitional use)。指示说话人认为已经确定的实体,使用指示词向听者示意正在指示特定的、被认为属于共享知识的信息。

指示词作认同用时，引入一个可辨识性较弱的谈论对象。认同用的功能应特别注意两个方面：1）言谈对象不存在于语境/现场，这有别于直指和回指；2）言谈对象首次出现于谈话。例如下例里"那飞机"的"那"。

(36) A：你们路上有一场虚惊。

　　　B：可不是嘛！真把我们吓坏了。那飞机飞着飞着突然就往下掉，完全失控了。那什么，咖啡啊、面条啊，全飞起来了，全都上了顶棚了。

认同用是 Himmelmann（1996）重点确立的一类功能。认同用的一个重要特征是，说话者并不确定听话人是否享有他正在提供的信息知识，或不确定这些信息是否足以让听话人辨别意向中的所指。指示词的作用实际上是邀请听者发问进一步明确所指，或示意听者确认他已经获知说话人的谈论对象⑤。

Huang（1999）、Tao（1999）、方梅（2002）、Chen（2004）采用Himmelmann（1996）的描写框架，方梅（2002）利用两个参项区分出了这四类功能差异：

表 3 - 1　指示词的话语功能

	情境用	语篇用	示踪用	认同用
言谈对象存在于语境/现场	+	+	+	−
言谈对象首次出现于谈话	+	−	−	+

我们认为，由于单音节形式与双音节形式的概念域扩展的方向不同，进而形成了不同的篇章功能。

3.2　虚化方向的单双音节不对称

3.2.1　"那"用作连词

作为后项连词，用"那"不用"那个"。

(37) 甲：不上课了。

　　　乙：那/*那个我下午回家了。

(38) 你去啊？那/*那个我也去。

3.2.2 "这"用作建立一个新话题

建立话题用"这",不用"这个"。"这"可以用在名词前,也可以用在动词前(参看方梅,2002)。

第一类,"这"用在名词前,构成类指性名词短语。例如:

(39) a. <u>这外国人</u>呐说话都没有四声,跟感冒了似的。
    b. <u>这女人</u>啊,都是死心眼。

上面例子里的"这外国人""这女人"都不指称个体对象,而是把"外国人""女人"作为一个整体来指称的。

第二类,"这"用在一个述谓形式前面,构成"这(S)VP",指称一类行为。例如:

(40) a. <u>这装病</u>啊也有技术含量,得会装才行。(《我爱我家》)
    b. 其实<u>这伺候病人</u>吧也没什么活儿,无非是每天帮她漱漱口刷刷牙,擦擦脸洗洗脚,端端屎倒倒尿,喂水喂饭,按时吃药,不离左右,随叫随到,和颜悦色,不急不躁……(《我爱我家》)
    c. <u>这我馋涎那姑娘</u>已经不是一天两天了。自打初中那会儿就递小条儿,人家根本瞧都不稀罕瞧。(《我爱我家》)

上面用例中,谓词性成分前面如果不用"这"仍旧是合法的句子,而冠以"这"是用作凸显话题,"这(S)VP"式可以构成一段言谈的主题。这类现象我们在第二章已经详细讨论过。

3.2.3 双音节形式用作话语标记

(41) 我说老王,你去上海吧。<u>那个/*那</u>,呃,我想麻烦你点事。

(42) <u>这个这个</u>,你让我想想啊,让我琢磨琢磨。

话语标记一般不用单音节的"这"或者"那"。事实上,我们看到自然口语里充当话语标记,说话人为了延续自己的话轮、用来占位的"那个"或叠用的"这个这个",就是认同用功能的延伸。

4　小结

在指称功能方面，"这"和"那"的独立指称能力远不及"这个"和"那个"。表现为，作为代名词使用的时候，"这"和"那"在"把"字结构和"被"字结构中的使用受限；除非用在对举语境，否则一般不能单独做宾语。做主语的时候，"这"和"那"的指称属性也与"这个"和"那个"有所不同，"这"和"那"都可以不指称个体性对象；"这"还可以指言谈当下的状态或当下时间等，而"那"可以用作连词。作为饰名成分使用的时候，"这"与"这个"、"那"与"那个"的饰名功能差异更为显著。语篇中引入一个新的言谈对象时，倾向于用"这 + 名词"直指现场对象，而"这个""那个"类双音节形式在名词前时，其功能在于指别。"这"与"这个"、"那"与"那个"在指称功能、饰名功能、指示范畴扩展上存在一系列差异；篇章功能方面，单音节形式与双音节形式也存在不对称（另可参看 Fang，2012）。

附　注

①指示词的句法功能另参看 Croft（1990）、Fillmore（1997）。关于"指别"与"替代"，参看吕叔湘（1985）。

②关于"这"与"那"指称概念域的扩展，另可参看张伯江、方梅（1996：155 – 160）。

③刘丹青（2002）认为，修饰语与被修饰名词之间的指示词具有修饰语标记的属性。我们认为，这个位置的指示词要求其指称对象具有现场性，与修饰语标记"的"的区别还是比较显著的。

④关于汉语名词的有定性句法表达，另可参看 Chen（2004）。

⑤Diessel（1999）根据指示对象是语言外的客观实体还是话语篇章中的成分，把指示词的功能分为外指和内指。相当于情境用的称为外指，同时把追踪用、话语直指和认同指统称为内指。Diessel（1999）指出，回指就是指示词与前面话语中提到的名词或名词词组同指，这个名词或名词词组是指示词的先行词。与外指功能不同，回指的主要功能就是为了追踪前面话语中的参与者，主要是一种语言内功能。话语直指也用来指示语言中的话语成分，但是它们是与前文出现的命题、话语行为或事实同指，而非一个名词性成分。话语直指是联系直指和回指的纽带，它既指客观实体，又与话语篇章相联系（Lyons，1977：667 – 668）。

第四章
零形主语小句的句法整合功能

0　引言

关于汉语篇章中零形主语小句的研究主要有三个路径：

1）从回指关系与指称选择的角度，讨论小句主语的编码方式，采用名词、代词还是零形式，有哪些篇章因素和认知规律制约编码的选择（如方梅，1985；廖秋忠，1986a；陈平，1987c；徐赳赳，2010；许余龙，1996、2005）。

2）从话题延续性（topic continuity）角度看零形主语小句在话题引入、话题延续中的作用（如 Li、Thompson，1981；陈平，1987c；Chu，1998；许余龙，2005；方梅，2005a；宋柔，2013）。

3）零形主语小句的信息属性及其在句法整合中的作用（如方梅，2008、2016b；陈满华，2010）。

叙事语体里的零形主语小句主要有三大类（参看方梅，1985；陈平，1987c；屈承熹，2005；方梅，2008；陈满华，2010；徐赳赳，2010 等）：

1）零形主语回指（anaphora，也称前指），这类情况在传统语法描写中称为主语承前省略。

2）零形主语反指（cataphora，也称后指），这类情况在传统语法描写中称为主语蒙后省略。

3）无先行词的零形主语小句，这类情况在传统语法描写中称为主语隐含。

从使用频率看，汉语篇章中，零形主语小句以先行小句的主语为先行词的占绝大多数（约80%，参看方梅，1985），其次是以先行小句的宾语，或者先行小句主语的领属性修饰语为先行词。上述格局大体可以从主语指称的可及性（accessibility）和话题性中得到解释。

此外，零形主语小句还可以与先行小句中的其他句法成分同指（co-referential），这些现象则难以从话题延续性和可及性角度得到解释。据方梅（1985）的考察，先行词的句法分布可以概括如下：

1）主句中的句法成分：a. 主句主语；b. 主句宾语；c. 双宾语结构的间接宾语；d. 兼语式里的"兼语"；e. 领属性定语。

2）内嵌结构中的句法成分：a. 做谓语的主谓结构的主语；b. 做宾语的主谓结构的主语；c. 做"得"字补语的主谓结构中的主语；d. 领属性定语。

与政论语体不同，叙事语体内部的衔接关系不是逻辑语义衔接。因此，很难依靠连词来确定小句之间究竟是从属（subordination）关系还是等立（coordination）关系。而对于汉语这种缺少句法形态的语言来说，也难以像形态语言那样，通过述谓语是定式动词还是非定式动词来辨别其句法地位。

我们的研究发现，汉语中的零形主语小句在句法整合中具有独特的作用，零形主语与句中其他成分的同指关系不仅体现语篇中话题的延续性，也体现该小句在复杂句中的句法地位和信息属性。

1 零形主语小句的主要类型

1.1 零形主语前指

从零形主语与先行词的同指关系看，主要分为两大类。一类是，零形主语与先行小句的主语同指；另一类，零形主语与先行小句的主语之外其他句法成分同指。

1.1.1 零形主语与先行小句的主语具有同指关系

例如：

（1）他$_i$扛起铺盖，0_i灭了灯，0_i进了后院。（老舍《骆驼祥子》）

（2）她$_i$没理我$_j$，0_i贴着游泳池的边上了岸。（王朔《一半是火焰，一半是海水》）

（3）她$_i$看了我$_j$一眼，0_i扭头走了。（王朔《一半是火焰，一半是海水》）

当并置多个零形主语小句时，含有零形主语的后续小句可以补上表示连续性的副词"又"。例如：

（4）他$_i$扛起铺盖，0_i灭了灯，0_i进了后院。

（5）他$_i$扛起铺盖，0_i又灭了灯，0_i进了后院。

（6）他$_i$扛起铺盖，0_i灭了灯，0_i又进了后院。

从句法结构的自立性角度看，强事件性对应于自立小句（independent clause），弱事件性对应于依附小句（dependent clause）。

后续小句的零形主语被理解为与先行小句的主语具有同指关系，除了上述表达连续行为的情形之外，还包括先行小句为被动句的情形。例如：

（7）妹妹$_i$被哥哥$_j$拿走三支笔，0_i急得到处找。

（8）*妹妹$_i$被哥哥$_j$拿走三支笔，0_j急得到处找。

（9）*妹妹$_i$被哥哥$_j$拿走三支笔，$0_i + 0_j$急得到处找。

1.1.2 零形主语与先行小句的主语异指

零形主语的先行词是先行小句主语之外的其他句法成分，高频出现的主要有两大类。

第一，零形主语与先行句主语的领属性修饰语具有同指关系。例如：

（10）祥子$_i$的心中很乱，0_i末了听到太太说怕血，0_i似乎找到了一件可以安慰她的事。（老舍《骆驼祥子》）

（11）那时，我$_i$的酒量很小，0_i喝了几口葡萄酒就晕乎乎的。（王朔《一半是火焰，一半是海水》）

（12）她$_i$搭在我肩上的手夹着烟，0_i不时歪着头吸上一口。（王朔《一半是火焰，一半是海水》）

特别值得注意的是，如果后续句的零形主语与先行句的领属性修饰语同指，如例（10）中的"祥子"，例（11）中的"我"和例（12）中的"她"。这类领属性修饰语的所指对象一定与篇章话题链的话题具有同指关系。

第二，零形主语与先行小句的宾语具有同指关系。例如：

（13）我ᵢ见过他女朋友ⱼ，0ⱼ长得特别漂亮。

与前面几类不同，这类零形主语小句并不表达前后相继的行为，零形主语小句与先行句主语的宾语具有同指关系，只是对其先行小句中的宾语指称对象（他女朋友）进行说明。

从使用频率看，当先行句存在不止一个名词性成分的时候，后续句的零形主语与先行小句主语同指是多数情况。我们发现，零形主语指向先行句主语以外其他成分，这类现象占零形主语小句总量的 20% 左右。后续句的主语与前句主语以外的其他句法成分同指时，先行词的句法分布十分复杂。（详见方梅，1985）

从前后小句之间的语义表达关系看，前后小句表达同一事件中两个先后相继的行为；哪些条件导致后续句的零形主语与前句主语的指称发生异指，下文详细讨论。

1.2　零形主语反指

这一类是指零形主语小句居前的情形。零形主语与后续小句主语具有同指关系，如例（14）；或者与后续小句主语的领属性修饰语具有同指关系，如例（15）。这类零形主语小句的表达功能类似形态语言的非限定性（non-finite）动词小句。

（14）0ᵢ看着父亲痛苦的样子，她ᵢ不禁泪流满面。
（15）0ᵢ到了曹宅门外，他ᵢ的手哆嗦着去按门。（老舍《骆驼祥子》）

陈平（1987c）曾指出，这类零形主语小句在句法上具有从属性。方梅（2008）发现，反指零形主语小句在句法上存在一些限制。
1）反指零形主语小句仅与后续小句的主语具有同指关系。
2）反指零形主语小句没有时（tense）和语气（mood）成分。反指零形主语小句的动词谓语部分的结构形式相当有限。高频的类型有：
a. 动词+了+名词。如：丢了车。
b. 动词+着+名词。如：红着脸。
c. 动词+趋向动词（+名词）。如：扛起铺盖。
d. 动词+处所。如：坐在胡同口。
e. 动词+完（+名）。如：吃完（饭）。

更为重要的是，零形反指在一定条件下具有强制性。这种强制性表现为：小句之间句法上的主次对比越强，主语零形反指的要求也就越强（详见方梅，2008）。例如：

(16) 0_i坐在床沿上，0_i呆呆的看着这个瓦器，他$_i$打算什么也不去想。（老舍《骆驼祥子》）

(17) 0_i能在天亮的时候赶到，0_i把骆驼出了手，他$_i$可以一进城就买上一辆车。（老舍《骆驼祥子》）

(18) 0_i无缘无故的丢了车，0_i无缘无故的又来了这层缠绕，他$_i$觉得他$_i$这一辈子大概就这么完了，无论自己怎么要强，全算白饶。（老舍《骆驼祥子》）

在含有反指零形主语小句的序列中，主句带有显性主语时，零形主语小句多为状语性的。比如，上面例（16）中，前后两个零形主语小句是表示伴随状态的；例（17）中前后两个零形主语小句是表条件的；例（18）中前后两个零形主语小句是表原因的。

零形主语小句与含显性主语的小句不可以交错出现。例如：

(19) a. 坐在床沿上，呆呆的看着这个瓦器，他打算什么也不去想。

b. 他坐在床沿上，呆呆的看着这个瓦器，打算什么也不去想。

c. ？坐在床沿上，他呆呆的看着这个瓦器，他打算什么也不去想。

d. *他坐在床沿上，他呆呆的看着这个瓦器，打算什么也不去想。

e. #他坐在床沿上，他呆呆的看着这个瓦器，他打算什么也不去想。

上面 c 句的可接受性很低；d 句不能说；e 句只能解读为修辞上的排比句，一般不说，除非特别强调某种状态的时候。

含有显性主语的小句为"主"，含有零形主语的小句为"次"，零形主语小句成为体现主次关系的表达手段。在句法 - 语义关系比较明确的语境下，甚至不能将零形主语小句的主语补上。例如：

(20) a. 0_i病了，他$_i$舍不得钱去买药，自己硬挺着。（老舍《骆驼祥子》）

b. 0_i即使病了，他$_i$也舍不得钱去买药，自己硬挺着。

c. $^?$他病了，他舍不得钱去买药，自己硬挺着。

例（20a）的零形主语小句表示条件，可以添加条件连词，变成例（20b）。但如果把零形主语小句的主语添上，如例（20c），反而不合语法。因为，连词的隐现在一定程度上反映小句事件性的强弱（参看 Reinhart，1984）。

在汉语里，有一种句法降级手段是以强制性要求小句主语零形反指为特征的。这种强制性可以理解为对句法系统缺少形态标记的补偿。小句采用零形主语反指是将小句间的句法关系从等立关系转为主次关系，零形主语反指小句是对背景信息的包装。强制要求零形反指的是原因、条件等小句。如果句法上是等立关系，默认的原则是显性主语小句在先，零形主语小句在后。一旦违反这个默认的原则，小句采用零形主语反指，其句法地位也就随之降低了。汉语里，连词的隐现制约事件性的强弱和句法自立性。连词的使用，意味着该小句表述的内容是事件过程的一部分（参看方梅，2008）。

1.3　无先行词的零形主语小句

这一类零形主语小句有两大类。

第一类，零形主语小句的主语指称对象为前句主语。例如：

（21）有一天，我$_i$打车去现代城。0_i刚说出地名，的哥一脸茫然："这$_ル$不就是吗？"（引自陈满华，2010）

这个例子中，小句"刚说出地名"的零形主语与前句的主语"我"具有同指关系，而不指向其后小句的主语"的哥"。这类现象是叙事语体中的常见现象，零形主语的所指对象往往是篇章中的叙述主角。

第二类，小句零形主语的指称不确定，语境中难以找到其指称照应关系。例如：

（22）也不知怎么的，她说着说着就哭起来了。

（23）天台见无法回家，急得团团转，不由地把斧子往地上一摔，只听"哗啦"一声闪开一个山门，门里走出一个道姑……

（24）那银鳗在月光下不停地闪腰，盘舞，旋转……速度越来越快，节奏越来越紧，突然银光一闪，鳗儿不见了，<u>只见月影中站立着一个天仙般的龙女</u>，柳叶眉，杏花脸，玉笋手，细柳腰，金纱披身，莲花镶裙。

上面三例中，"也不知怎的""只听'哗啦'一声闪开一个山门"和"只见月影中站立着一个天仙般的龙女"三个小句，都没有主语，也补不上主语。其中的"也不知怎的"是高度俗语化的状语小句；"只听"引导一个表达伴随状态的状语小句；而"只见"在现代汉语中已经虚化为篇章连接成分，用来引入话题性成分（参看方梅，2017b）。

2 零形主语小句与话题延续性

2.1 话题延续性

句子的话题是对其做出说明的那个实体（人、物等），而对这个实体的进一步说明则是评述（参看 Crystal，1997/2008）。

"话题"（topic）和"评述"（comment）是一对广泛使用的术语，从言语交际的角度说，"话题"就是"被谈论的对象"（what is being talked about），而评述是"针对话题所谈论的内容"（what is said about the topic）。如果一个成分 X 被称作话题，它就可以回答"X 怎么样了？"这样的问题。在一些语言中，话题仅涉及语用范畴；而另一些语言中，话题成分具有独立的句法地位（参看徐烈炯，2002）[1]。

赵元任（1968/1979）在讨论"主语、谓语的语法意义"（2.4 节）时说，汉语的主语与谓语就是话题与说明的关系。

话题性（topicality）不是指称对象依赖小句获得的属性，而是依赖语篇获得的属性（Givón，1984/1990）。

话题延续性（topic continuity）[2]是指一个话题成分的影响力度和范围，是话题研究的一个重要方面。在不同的语言中，小句主语的零形回指都是话题连续性强的句法表现[3]。

2.2 句内话题与语篇话题

从篇章角度看，话题的类别首先要区分句内话题与语篇话题。句内话题是句子的谈论对象，汉语里句子的主语一般也同时是话题。这一点已经有很多著作谈到了。汉语篇章中，主语位置上的语篇话题的所指对象可以成为后续多个语句的零形主语小句的先行词。例如：

（25）那是一个下午，我们$_i$按照王朔$_j$模糊的记忆摸到葛优$_k$住的那幢楼，0$_i$到那儿才发现原来就在我曾经住过的楼的隔壁。因为0$_i$不知道具体门牌号码，0$_i$也没有葛优的电话。0$_i$在楼里几经打听才找到他$_k$住的单元。0$_i$敲门，没人应。0$_i$再敲门，隔壁单元走出一位女士$_l$，0$_l$是葛优媳妇的嫂子。0$_i$说明来意后，嫂子$_l$告诉我们，葛优外出，估计0$_k$快回来了。（冯小刚《不省心》）

观察语篇话题主要有两个方面，一是回指频度，二是回指方式[④]。回指频度和回指方式可以作为确定语篇话题的重要参照。采用零形主语回指和代词回指的是高连续性话题，如上例中的"我们"。

语篇话题是一段语篇当中的主要谈论对象，通常是言谈主角。在谈话中提及一个概念，有两种不同的情况。一种情况是，这个言谈对象引进语篇以后，在下文可以用不同的方式追踪它。如例（25）中的"我们"。另一种情况是，这个概念出现一次之后，在谈话中就不再提及，如（26）例中的"长途车司机""交通监理人员""汽车喇叭"等。例如：

（26）那天上午，在靠近保山的山间公路发生了一场车祸，一辆载货卡车和一辆长途汽车在转弯处迎头相撞。所幸两车速度不高未翻到崖下，也未造成严重伤亡，只是两车车头损坏，长途车司机受了轻伤，但相撞的两车横直，道路堵塞了交通达四小时。待交通监理人员从保山赶来勘查了现场判定了肇事责任，这才开来一辆吊车将损坏的两车吊至路旁恢复了公路畅通。这期间有数百辆各型客货车堵在山间公路上连绵十余公里，汽车喇叭此伏彼起响成一片，车上的人纷纷下来站在公路上互相聊天到处走动。（王朔《玩儿的就是心跳》）

作为言谈主角，一个概念在语篇当中往往多次出现，并且以不同的方式追踪，这是它具有话题性的表现。其他那些只出现一次的概念成分，属于偶现信息（trivial information），不具备话题性（关于言谈主角的句法表现，可参看陶红印、张伯江，2000）。

2.3　引入话题的句法表达

主语零形回指普遍被视为话题管理中延续话题的手段。强势的编码选择是零代词主语指向先行句的主语。陈平（1987c）指出，主语零形回指的小句序列，有两个主要模式。

以上句的主题为本句的主题，属于平行推进式。例如（引自陈平，1987c）：

（27）他$_i$擦车，0_i打气，0_i晒雨布，0_i抹油。

以上句评述部分中某个新的信息成分为主题，属于层继推进式。例如（引自陈平，1987c）：

（28）他$_i$必定也看见了那些老弱的车夫$_j$，0_j穿着薄薄的破衣$_k$，0_k根本抵御不住冬日的风寒。

（29）村上有一个扶着水平仪三脚架的工人$_i$，0_i在观察着，远处还有个打红小旗的工人$_j$，0_j跟他$_i$遥相呼应。

上句中的主题或者评述部分中，新信息成分的所指对象最容易成为下句的主题，因而启后性强。

汉语中，某些句式具有引入话题的功能，但那个成分并不在主语的位置上，比如存现结构。所谓存现结构，小句的述谓语属于如下语义类型[5]：

1）存在动词"有"，如：从前有个泥水匠叫刘善，……

2）表示某人或某物出现或者消失的动词，如：正在这时候，出了个汉子叫二郎，……

3）表示某人或某物所在处所的动词结构，如：台上坐着主席团、山上住着一户猎人。

4）某种经历的结果（如：养（了）、娶（了））：从前有个泥水匠叫刘善，他养了一只八哥。

存现结构在语篇当中常常是引导话题的（参看 Li、Thompson，1981；陈平，1987c；许余龙，2004、2007）。

孙朝奋（1988）的研究表明，话语中主题的重要性与数量词的使用之间存在密切的联系，一个主题上比较重要的名词短语倾向于用数量结构引进话语。

陈平（1987c）与孙朝奋（1988）的研究结论与 Li 和 Thompson（1981）的研究大体一致。

许余龙（2004、2005）的研究进一步证实，将一个新引入篇章的实体标示为潜在的篇章主题的最重要手段是存现结构和无定名词短语。许余龙（2007）提出，汉语中，存现结构中的无定名词短语似乎是引入重要篇章话题的唯一句法手段。

话题的保持采用零形主语回指、代词回指。话题转换，如果要将主题从一个实体转换为另一个实体，那么表示那个实体的有定描述语一般需要在小句的主语位置上重复一次（许余龙，2004：173）。例如：

（30）［县太爷］$_i$伸手去招八哥$_j$。八哥$_j$展开翅膀，0$_j$呼一声就飞了。

（31）［大土霸］$_i$气势汹汹地对老渔翁$_j$说："……"老渔翁$_j$听了，0$_j$知道是土霸故意刁难他，0$_j$又怒又恨，……

许余龙（2004）的上述观察与陈平（1987c）提出的层继推进模式不尽相同。我们认为，层继推进的模式所概括的现象，大抵适用于先行小句为存在句和出现句的情况，其动词后为数量名结构，后续小句以此数量名短语为主语，如例（28）和例（29）。诚然，汉语的主语即话题（赵元任，1979：69-70；朱德熙，1982：96），但是这些后续小句中的主语并没有开启新的话题链，因而未必是篇章中的主题。如果后续句主语开启新的话题链，主题名词还是要在小句主语位置上重复一次，如例（30）和例（31），尽管这个名词在先前的小句中已经出现过。

3 主语指称转移的零形主语小句

3.1 零形主语小句的话题延续性

零形主语小句与话题延续问题，早期的语法研究是由复句中省略主语的类型着手的（参看方梅，1985）。

参与者的延续主要表现为两个方面：

1）小句的零形主语与先行句主语同指（承前主语省略）；

2）小句的零形主语与先行句主语的领有者同指（承前定语省略）。

许余龙（1996）曾经提出汉语篇章中句子主题识别的原则，即：在句子中，动词前任何一个表示句中所描述动作过程中的参与者（即某个具体或抽象的认知实体）的名词短语，都是句中的一个主题。但是，如上所述，零形主语指向先行句的主语以外其他成分的情况十分复杂。前一小句不属于存现结构，后续小句的零形主语并不与前面小句的主语同指，这种情况在汉语中并不罕见。例如：

（32）一位好心的教授$_i$把他的一份原版 Word 安装盘借给我$_j$用。0$_j$拿回自己办公室不过半个小时，他$_i$就打电话过来问"装完了吗？"（调查语料）

在上面这个例子中，"拿回自己办公室不过半个小时"的零形主语只能指向"我"，不能指向先行小句的主语"一位好心的教授"。这一类现象如何解释？后续小句的零形主语与先行小句的主语异指，不属于平行推进；如果从"以上句评述部分中某个新的信息成分为主题"，似乎可作层继推进分析。但是典型的"层继推进"模型所引入的是话题成分，而此例中的零形主语所指对象显然不是话题，因为后一小句的"他"是回指"一位好心的教授"的。

零形主语指称转移情形，这种异指现象往往提示话题链的非连续性。

3.2　零形主语的指称转移与小句的及物性特征

从总体上看，零形主语与先行小句的主语具有同指关系是高频现象。零形主语与先行小句中其他句法成分同指的情况中，有一些属于词汇选择，并无指称竞争。例如：

（33）小王给我买了三个饼，都是肉馅$_儿$的。

（34）她喜欢穿平底鞋，没跟$_儿$。

这两例中，后续的零形主语小句"都是肉馅$_儿$的""没跟$_儿$"都不可能是用来说明人的。这类情形我们暂不讨论。

　　如上所述，零形主语与先行小句中其他句法成分具有同指关系，这种异指现象往往提示话题链的非连续性。从句法 – 语义角度看主要表现为，先行小句与后续零形主语小句之间在及物性上差异显著。

　　这里所说的及物性（transitivity）是指 Hopper 和 Thompson（1980）所提出的及物性特征。在这篇文章中，及物性是由一组特征（共 10 项特征）所决定的。一个小句及物性的高低取决于该小句所体现的句法语义特征的多寡。如表 4 – 1 所示。

表 4 – 1　及物性特征（Hopper、Thompson，1980）

Feature	High	Low
Participants[⑥]	2	1
Kinesis	action	non-action
Aspect	telic	atelic
Punctuality	punctual	continuous
Volitionality	volitional	non-volitional
Affirmation	affirmative	negative
Mode	realis	irrealis
Agency	high in potency	low in potency
Affectedness of O	totally affected	not affected
Individuation of O	highly individuated	non-individuated

汉语中，低及物性特征表现为：

参与者：　　　　　一个参与者（如：只出现主语，或者只出现宾语）

行为/动作表达：　非动作动词（如：有、存在）

体：　　　　　　　非完成（如："V 着/V 起来"）

瞬时性：　　　　　非瞬时性（如：睡、躺）

意志性：　　　　　非意志性（如：死、存在）

现实性：　　　　　非现实性（如：假设小句、条件小句、时间小句）

施事力：　　　　　低施事力（如：认为、判断）

对受事的影响：　　受事不受影响（如：心理动词"喜欢"）

受事个体性：　　　受事非个体（如：无指名词"吃大碗/踢后卫"中的

"大腕""后卫")

总的来说，前景信息对应于一系列高及物性特征，而背景信息对应于一系列低及物性特征。零形主语小句由于主语从缺，在"参与者"这个参项上，表现为只有"一个参与者"。不同零形主语小句的主要差异，取决于上表中其余各类特征参项的表现。以上文对例（32）的讨论为例，其零形主语小句"拿回自己办公室不过半个小时"中，行为的主体（主语）和行为的受影响对象（宾语）都没有出现，小句属于提供时间信息的状语小句，具备上述低及物特征的三个特征，属于低及物性小句。

3.3　后续零形主语小句为低及物性小句

当先行小句为存现结构的时候，后续小句的零形主语指向先行小句动词后名词成分。典型的存现结构是"有字句"，如上文例（29），这类是以往研究中关注较多的。低及物性小句也是一个连续统，"有"字句是典型的低及物性小句，本文讨论其他各类低及物性小句作为先行小句的情形。主要有三类：出现句、见证动词小句、认识义和心理动词小句。

3.3.1　先行小句为出现句

所谓"出现句"是指小句的述谓动词是表示某人或某物出现的动词小句。这类小句的特点是，行为主体处于动词之后的宾语位置。例如：

（35）首先是政治上，<u>美国$_i$出了个里根总统$_j$</u>，0_j开始重塑美国人的信仰，0_j重塑人民对国家的信任。他$_j$是一个非常有主义的总统，……（高晓松《晓说》）

（36）那是一个下午，我们按照王朔模糊的记忆摸到葛优住的那幢楼，到那$_儿$才发现原来就在我曾经住过的楼的隔壁。因为不知道具体门牌号码，也没有葛优的电话。在楼里几经打听才找到他住的单元。敲门，没人应。再敲门，<u>隔壁单元走出一位女士$_i$</u>，0_i是葛优媳妇的嫂子。说明来意后，嫂子$_i$告诉我们，葛优外出，估计快回来了。（冯小刚《不省心》）

由于行为主体是在宾语位置，先行小句为出现句的时候，其话题引入作用与"有"字句相近。但是，相对于"有"字句，出现句中行为主体的话题延续性要弱得多，表现为，虽然后续小句可以是零形主语，但是其后小句还是需要代词或者名词主语。如上例（35）中用"他"回指里根总统；（36）例中用"嫂子"回指"一位女士"。

3.3.2　先行小句为见证动词小句

见证义动词从词汇意义上说，都是感官动词，如"看、听"等。从及物性角度看，这类动词虽然有受事宾语，但是语义上，相对于"打、扔"等典型的行为动词，它所表达的动作行为对其受事影响很低。

（37）我$_i$有一次在街上，0$_i$一抬头<u>看见</u>树杈上停着一只孔雀$_j$，0$_j$拖着大尾巴。（高晓松《晓说》）

当先行句有表现完成时的语法成分的时候，如下例句末的"了"，后续小句的指称对象也会随之发生改变。请对比：

（38）a. 我$_i$见过你们处长$_j$，0$_j$昨天还来过一趟呢。

　　　 b. 我$_i$见过你们处长$_j$了，0$_i$/*0$_j$昨天还来了一趟呢。

上面的例子中，a 与 b 的差别就是第一个小句是否有表达行为完成的句末语气词"了"。当没有"了"的时候，后续小句的零形主语与前句的宾语"你们处长"同指，而带了"了"之后，则与前句的主语"我"同指。

3.3.3　先行小句为认识动词和心理动词小句

当先行小句是认识动词与心理动词小句的时候，后续小句零形主语的所指对象的解读，在很大程度上取决于该小句述谓语的及物性表现。例如：

（39）a. 她$_i$一眼就认出了老张$_j$，0$_i$二话不说跪下了。

　　　 b. 她$_i$一眼就认出了老张$_j$，0$_j$圆脸、高鼻梁，嘴角边总带着一丝微笑。

（40）他$_i$喜欢那些刚来工作的学生$_j$，0$_j$随叫随到。

例（39）中，a句，零形主语小句"二话不说跪下了"是具有完成体特征的瞬时动作动词，属于高及物性小句，其零形主语指称与先行小句的主语同指。b句，其零形主语指称与先行小句的宾语同指。后续小句"嘴角边总带着一丝微笑"是含有动词的小句，但是它并不表达个体事件，而表达一种惯常样态。因此，与"圆脸、高鼻梁"一样，都是状态描述。例（40）中，后续小句"随叫随到"虽然表达行为，但是并不体现具体事件，而是表述某人具有某种常态特征，其零形主语指称与先行小句的宾语同指。

当语境中存在指称竞争的时候，后续小句的谓语相同，零形主语的指称理解就取决于先行小句的致使性。先行句的致使性越强，后续句零主语越倾向指宾语——被影响者。如下面例（41）：

（41）他$_i$拉进来一头毛驴$_j$，0$_j$浑身湿淋淋的，0$_j$哆嗦个不停。

这个例子里，先行小句中"拉进来一头毛驴"是含有行为结果的谓语，这时后续小句的零形主语指称解读为与先行小句的宾语"一头毛驴"所指相同。

如果把先行小句的谓语稍作改变，变为体现状态的持续体，这个时候，后续小句的零形主语就优先被理解为先行小句的主语，也即前后三个小句描述"他"的状态。

（42）他$_i$手里牵着一头毛驴$_j$，0$_i$浑身湿淋淋的，0$_i$哆嗦个不停。（引自陈平，1987c）

也就是说，零形主语小句的及物性显著低于先行小句的时候，先行小句的宾语（行为的影响对象），会被理解为零形主语的所指对象；而当零形主语小句与先行小句的及物性差异不大的时候，先行小句的主语具有优先地位，零形主语被理解为与先行小句的主语同指。

再如：

（43）我$_i$认识一个二十出头的长得很帅的小伙子$_j$，0$_j$开始还是个助理，0$_i$几年没见他，人家$_j$已经是好莱坞排名前几名的那种大型经纪公司的亚太区总裁，0$_j$才三十岁不到。（高晓松《晓说》）

在上面这个复句中，有三个零形主语小句，其中"开始还是个助理""才三十岁不到"都不是行为动词小句，从及物性上看，其及物性要低于先行小句"我认识一个二十出头的长得很帅的小伙子"。这两个低及物性小句的零形主语与先行小句的宾语名词同指。而第三个小句"几年没见他"是表达行为的，其及物性高于"是"字判断句，零形主语与先行小句的主语"我"同指，尽管中间还隔着另一个主语指称不同的零形主语小句。

综上所述，当先行句为弱致使结构（如：谓语动词为认识义、出现义、存在义动词）时，后续句零形主语与先行句主语异指；后续零形主语小句实为修饰性小句，不是叙述主线，而仅提供背景信息。

3.4 先行小句为高及物性小句

使令结构、双宾语结构、动补结构无论从参与者数量、时体特征还是动词影响对象的受影响程度看，都符合高及物性小句的特征。

当先行小句是致使性强的结构时，后续小句的零形主语有可能与其主语之外的其他句法成分同指。后续句零形主语与先行句主语异指，前后小句之间为等立关系。下面分别讨论。

3.4.1 先行词为致使对象

致使对象具有强启后性，是后续零形主语小句的优先指称选择。这个致使对象既可以是"使、让"动词的宾语，也可以是补语小句中的主语。

3.4.1.1 "使、让"动词小句中的致使对象

"使、让"动词小句具有高及物性。所谓"使、让"动词是指以"使、让、请"为代表的具有致使意义的动词，后续小句的零形主语往往与先行句的致使对象（宾语）同指。例如：

（44）她$_i$这一哭使那个警察$_j$很反感，0$_j$轻蔑地看着我，"就你这样$_儿$还打算在我们王府井一带称霸呢？……"（王朔《动物凶猛》）

上面例子中，零形主语与前句中的致使对象"那个警察"同指。

先行句如果是"使、让"动词小句，后续小句的零形主语指向致使对象，如例（45a）；除非致使对象出现，如例（45b）：

（45）a. 他$_i$叫我$_j$做一个语料库，0$_j$写一个用法说明。

　　　b. 他$_i$叫我$_j$做一个语料库，0$_i$给我算工作成绩。

"使、让"动词小句的受事宾语同时在语义上也是后面动词的行为主体，如上面例（44）中的"那个警察"，以及例（45）中的"我"。

在连续出现零形主语小句的时候，小句零形主语的指称解读，一方面依靠连词来确定话题连续性，另一方面也依靠及物性强弱所体现的小句之间的句法关系。例如：

（46）"二战"的时候，150万美军在诺曼底登陆，横扫欧洲。德国$_i$最后想不出办法来了，于是0$_i$就弄了<u>一大批英文说得好并且接受过美国历史和地理培训的自己人</u>$_j$，0$_j$穿着美军军装——反正德国人跟美国人长得也差不多，0$_j$就这么混入了美军队伍里。（高晓松《晓说》）

在上面的例子中，通过连词"于是"衔接"德国最后想不出办法来"与"弄了一大批英文说得好并且接受过美国历史和地理培训的自己人"，表明时间上的先后关系，也同时表明两小句之间是句法上的等立关系。而其后的"穿着美军军装"是个低及物性小句（"着"表明非完成体；"美军军装"不指称个体对象），整体上是描述性的，提供背景信息。如上所述，这类小句的零形主语与前句的宾语同指。

3.4.1.2　补语小句中的致使对象

致使对象具有强启后性，还表现为，补语结构中的主语作为致使对象，也同样具有启后性。例如：

（47）她$_i$这么一说倒说得我$_j$怪舒服的，0$_j$不禁大笑起来，"当着他们的面，我哪好意思跟你多说话呀。"（王朔《动物凶猛》）

（48）她$_i$由一进门，嘴便开了河，直说得李太太$_j$的脑子里像转疯了的留声机片，0$_j$只剩了张着嘴大口的咽气。（老舍《离婚》）

例（47）中，致使对象"我"是补语小句的主语；例（48）中的致使对象"李太太"是补语小句里主语的定语。虽然句法位置不同，但是他们都是主句谓语所表达的行为的直接受影响者。

3.4.2　双及物结构

双及物结构（ditranstive construction）包括两类，一是双宾语结构，二是受益格介词带宾语。双及物结构是一种高及物性小句。

下面先来看先行句为双宾语结构的情况。双宾语结构具有高及物性，谓语动词是具有意志性和瞬时性的动作动词；动词带有三个名词性论元，其中远宾语为事物名词，近宾语为指人名词或代词。当零形主语小句的先行小句为双宾语结构时，其所指对象为先行小句的受影响者。例如：

> （49）a. 我$_i$买了老王$_j$一辆车，0$_i$没过几天后悔了。
>
> 　　　b. 我$_i$卖了老王$_j$一辆车，0$_i$没过几天后悔了。

上面的例子中，后续小句"没过几天后悔了"的零形主语与先行小句的主语"我"同指。无论"买"还是"卖"，"我"都是主动的行为人。此例倾向理解为两个在时间上先后发生的行为，尽管后续小句的谓语动词是心理动词，及物性不及双及物结构那么高。

而当动词的意志性稍弱的时候，后续小句的零形主语则明显偏向先行小句的受益者。比如，汉语的"借"，既可以是"借进"，也可以是"借出"；在语境中作不同的解读，会影响到后续小句零形主语的解读。如下面的例子中，零形主语的指称只能理解为"得到"一辆新车的一方。例如：

> （50）a. 我$_i$借$_{[借进]}$了老王$_j$一辆新车，0$_i$没过几天出车祸了。
>
> 　　　b. 我$_i$借$_{[借出]}$了老王$_j$一辆新车，0$_j$没过几天出车祸了。
>
> 　　　c. 我$_i$借了老王$_j$一辆新车$_k$，0$_k$没过几天丢了。

上例 a 和 b 中，如把后续零形主语小句的谓语稍作改变但不改变"借进"和"借出"关系，零形主语的指称并不会发生改变。如下：

> （50'）a. 我$_i$借来老王$_j$一辆新车，0$_i$没过几天病了。
>
> 　　　b. 我$_i$借给老王$_j$一辆新车，0$_j$没过几天病了。

事实上，无论零形小句与前句的主语同指还是与宾语同指，从语义上都是"借"这个行为的受益者——影响对象。这种受益格优先的理解策略，与介词宾语成为零形主语的先行词这个现象具有相同的理据。例如：

（51）老李$_i$送给我$_j$的电脑没几天就坏了，0$_j$只好到处托人修。（调查语料）

在上面的例子中，"只好到处托人修"的行为主体（主语）是先行小句中介词的宾语——受益格"我"。这种理解策略与先行小句为被动结构的情形是相同的。

假如后续小句的主语与先行小句的主语同指，就会采用反身代词"自己"做小句的主语而不是零形主语。例如：

（52）她$_i$拿出一本影集扔给我$_j$，自己$_i$/*0$_j$在桌前坐下，端详着镜子里的自己。（调查语料）

上面的例子中，第二个小句的主语"自己"，既不能用代词"她"，也不能省略。这个反身代词的使用从另一个侧面说明，反身代词在保持话题延续性方面有独有贡献。

4　小结

零形主语小句是体现话题延续性的重要手段，在汉语中也是体现小句句法地位和信息属性的手段。

作为话题延续的手段，语篇中有三种呈现方式：

第一，零形主语与先行句主语同指。

第二，零形主语与先行句主语的领属性修饰语同指，这个领属性修饰语的所指对象限于篇章话题。

第三，使用关联词语（例如又、还）。

零形主语小句也是背景化手段。表现为零形主语小句在先，其零形主语与后续小句主语或者主语的领属性修饰语同指，即零形反指。

少量的零形主语小句的先行词不是语篇话题，表现为：

第一，先行句是高及物性小句（如致使结构、双及物结构、动补结构等），零形主语与先行句主语异指，前后小句之间句法上是等立关系，表现同一事件中的连续行为，都是前景信息。

第二，先行句具有弱致使意义（如谓语动词为认识义、出现义、存在义），后续句零形主语与先行句主语异指，后续小句之间为修饰小句，属于背景信息。

附　注

①关于汉语篇章中的话题及其与零形主语的关系，可参看赵元任（1968）；Li and Thompson（1981）；陈平（1987）；沈家煊（1989）；张伯江、方梅（1996/2014）；徐烈炯、刘丹青（1998/2007）；石定栩（1999）；Shi（2000）；Chu（1998）；许余龙（2003、2004、2005）；屈承熹（2006）。
②关于汉语代词回指照应的研究，可参看徐赳赳（1990、2010）、王灿龙（2000）。
③关于存现结构的内部差异，参看李临定（1986：73 – 91；92 – 103）、黄南松（1996）。
④此栏行文有简化，原文为"2 or more participants，A and O"和"1 participant"。

第五章
"无定 NP 主语句"的话语功能

0 引言

汉语里主语具有话题属性，一般而言，有定性名词短语占优势（Chao，1968：76；吕叔湘，1946/1990：469；朱德熙，1982：96）。但是有一些句子，其主语的编码方式是"一＋量＋名"短语，被称作"无定 NP 主语句"。20 世纪 80 年代以后，"无定 NP 主语句"一直备受学界关注（另可参看李临定，1986：2；内田庆市，1989；讚井唯允，1993；王红旗，2001；刘安春、张伯江，2004；王灿龙，2003；张新华，2007；熊仲儒，2008；李劲荣，2016；周士宏、申莉，2017 等）。

关于"无定 NP 主语句"这种特殊的编码方式，范继淹（1985）指出，无定 NP 主语句中，大多数可以在句首加"有"。这个发现提示我们，"无定 NP 主语句"与"有"字句可能具有相似的表达功能。

话语功能语言学研究者早已注意到，"有"字句具有引入篇章话题的功能，"有"后面的名词性成分往往是新引入篇章的概念（参看 Li、Thompson，1981：131；陈平，1987c；Chu，1998：199－200；许余龙，2005 等）。

另一方面，已有研究也发现，能不能加"有"也受到一些条件的制约。王红旗（2001、2014）通过考察《苗族民间故事》中的不定指主语句以及范继淹（1985）研究中的用例，发现"无定 NP 主语句"的句首能不能加"有"，主要受到下述语用条件的制约。

1）语境里含有"存在"意义。"存在"的意义已经含在语境之中，无定主语前就不可加"有"。

（1）"救命啦！救命啦！"<u>一阵阵凄厉的喊声</u>，在寂静的山谷里发出雷鸣般的震响，送来一阵阵回音。（转引自王红旗，2001）

王文的解释是，这一例中"一阵阵凄厉的喊声"之前不可加"有"，因为上文的喊声本身就表明了声音的存在。

2）为避免句式重复，也不可加"有"。例如：

（2）……那官府的老爷就把胡氏提来审问："你这小女子，为何要毒死你家老爷呀！""回父母官，老爷是吃粑粑死的呀！""乱说！打！"<u>一伙差役</u>举起板子围着胡氏就是一顿狠打。（转引自王红旗，2001）

王文认为，这一例中"一伙差役"之前不可加"有"，因为"衙门"中必有"差役"，两者具有概念上的关联性。王文提到的例子还有前文出现整体指称（如下例中的"他们"），后文出现部分指称的情形（如下例中的"一路"和"另一路"）。如：

（3）**他们**用重金买通了起义军中的一些软骨头，就派出比起义军多好几倍的人，分兵两路攻打猫山。<u>一路</u>正面硬攻，这一路一次又一次被打败了。可<u>另一路</u>却在起义军全力对付正面硬攻的时候，迂回到后寨……（转引自王红旗，2001）

事实上，现代汉语中的"一量名"短语做主语，其指称属性并非都是"无定"；被称为"无定 NP 主语"，主要是从名词短语的结构形式着眼的。比如，王文讨论的上述用例中，只有例（1）是典型的"无定 NP 主语句"，即指称功能与句法形式之间具有对应一致性。而其他几例，要么"一量名"短语的所指对象与篇章中已有的名词之间具有概念联想关系，所指对象在语境中是可以辨识的，如例（2）；要么，该"一量名"名词短语与语境中已有的名词概念之间具有部分与整体的关系，如例（3）"一路"和"另一路"都是"他们"的组成成员。这种情况王灿龙（2003）称作"回指性对举"。总之，汉语篇章中"一量名"形式并不严整地对应于不确定的指称对象。虽然有学者注意到，汉语的"一量名"形式与形态语言中的无定（indefinite）名词语法功能并不对应（如吕叔湘，1944/1990：157；陈平，1987a；杨素英，2000 等），但是，汉语的这个现象在以往讨论"无定 NP 主语句"篇章功能的时候并没有引起足够的重视。

另有一些研究提出，汉语的"无定 NP 主语句"在表达上具有现场性、目击性。"无定 NP 主语句"的重点不在于表达人（事物）究竟做什么，而是整个句子描写一个状况，提示一个场面，叙述一个事实的出现（内田庆市，1989/1993）。吕吉宁（2004）的观察与内田庆市无定 NP 主语句的"目击性"解释相似，指出无定 NP 前"有"字的使用与否，取决于对事件的观察角度。"无定 NP 主语"句首加上"有"，是事件外的叙述表达，有非现场性解读。例如：

（4）**她**"噢"了一声，看了眼窗外的街景。一辆越野吉普车在马路上猛地刹住，稍顷，一个长发男子从车顶杠下飞出，一骨碌面对面坐在车前马路上，两手抱着右膝神态痛苦地向一侧倒下。（王朔《过把瘾就死》）

当观察者在事件进程之外，可以用"有"；观察者在事件当中，无需用"有"。比如，下面的例子（5）（6）都是以第一人称叙述，无需用"有"。

（5）银光闪闪的杨树叶在我头顶倾泻小雨般地沙沙响，透出蒙蒙灯光的窗内人语呢喃，脚下长满青苔的土地踩上去滑溜溜的，**我**的脚步悄无声息，前面大殿的屋脊上，一只黑猫蹑手蹑脚地走过。（王朔《动物凶猛》）

（6）**我**心情绝望，又站了一会儿，不知该沿哪条路追下去。一个牧羊人赶着一群口外羊从东边过来，羊群挤挤挨挨咩咩叫着从我身边走过。（王朔《过把瘾就死》）

王灿龙（2003）对"无定 NP 主语句"的研究发现，无定 NP 主语句的句法自足性较差，很大程度上依赖于篇章环境，一般很少独立使用，具有很强的语境依赖性（context-dependency），并从使用位置角度将"无定 NP 主语句"分为用作后续句的和用作始发句的。一些原本可接受性较差的无定 NP 主语句，在特定语境中可以接受。

刘安春、张伯江（2004）指出，无定 NP 主语句重在介绍新事件的发生，其前面或者有时间词语，或者可以补出时间词语。所以其中的 NP 尽管是新的信息，但不需精确定位，"一个 NP"常常可以理解为"任何一个 NP"。这也就是有的学者认为句首无定名词有通指倾向的原因。

综上所述，已有研究有如下发现：

1）无定 NP 主语句，有些可以加上"有"（范继淹，1985）。

2）无定 NP 前可以加上"有"构成存在结构，而存在句在篇章中具有启后性；"无定 NP 主语句"与"有"字句篇章功能不同，"无定 NP 主语句"引入新人物，标志着一个新情节的转换。

3）无定 NP 主语前可以加"有"，除非语境里已经有提示"存在"的表述。

4）能否在无定名词主语前加"有"，取决于语用因素。比如叙事视角是事件内还是事件之外。

但我们注意到，"现场性"和"目击性"解释有很大局限性。它不能说明，相同的叙述视角下，为什么有的可以在句首加"有"，有的不行。如上例（4），两个"一量名"主语句相继，前一个不能在句首加"有"，而后一个则可以。而例（5）和例（6），句首确实没有用"有"，但是把叙事人称"我"换成"他"之后，对加不加"有"的可接受性并无影响。另一方面，王红旗（2014）对无定名词短语主语句使用频率进行了统计，发现这类句子在政论语体和叙事语体中使用较多。这个统计结果与此前其他学者所述"现场性""目击性"解释之间很难说存在哪些内在的关联性。因此，我们认为有必要进一步梳理事实，说明这类表达的用法特点和相关限制条件。

我们依据的北京话材料来源有三类：1）北京电视台播放的现场讲述节目《这里是北京》，现场讲述人阿龙，约 98 万字。2）专栏讲述节目《晓说》，非现场性讲述，讲述人高晓松，约 20 万字。3）冯唐的小说和随笔，约 83 万字；冯小刚随笔《不省心》，约 6 万字。

1 主语的指称属性

首先，我们注意到，就指称属性而言，"无定 NP 主语句"主语的指称属性有两类，一类是个体性指称，另一类是通指性指称。

以往讨论到的"无定 NP 主语句",主要着眼于这类主语的构成形式,即"一+量+名"。而从实际指称属性看,这个句法组合的指称功能不限于仅仅指称不确定的对象(关于汉语名词的指称表现,参看陈平,1987a)。

首先,"一量名"主语究竟是作数量解读还是无定 NP 解读,要看谓语是否带有表量成分。例如:

> (7) a. 其实说来,明朝已经够黑暗了。当时,有一种刑法叫"连坐"。就是,<u>一个人</u>犯了罪,街坊邻居都得受牵连。(《这里是北京》)
>
> b. 我还是偏执地认为,<u>一个男人</u>四十岁再写诗和三十岁再尿床一样,是个很二的行为。(冯唐《三十六大》)

a 句,"一个人犯了罪"的主语"一个人"如果重读,后续小句中含有表总括的"都"对"街坊四邻"作全称量化。"一个人"只作实义数量表达解读,与后面含有"都"的小句形成对比。对比 b 句,后续句可以加"都"说成"都是很二的行为",但是意义不同。a 句这种真正表示数量的"一量名"主语句不在我们讨论之列。

第二,"一量名"指称一个新引入语篇的实体对象,但指称对象可以从语境中提供的信息通过联想得以辨识。"一量名"主语的所指与语境中已有的实体概念具有部分与整体的关系,或者下位概念与上位概念以及"框 – 棂"关系(参看廖秋忠,1986c),又或者是联想回指关系(参看徐赳赳,2005)。这类"一量名"主语的特点是,其信息属性属于易推信息,在后续篇章中有可能被回指。如上文例(2)。从定指性角度看,其编码方式与无定名词短语相同,但是指称属性与无定名词并不对应。

1.1 不定指"一量名"主语

做主语的"一量名"指称一个新引入语篇的实体对象。这时候,其指称属性是不定指的,如上文的(5)中的"一只黑猫"和(6)中的"一个牧羊人"。

在篇章中,我们更容易看清含有这类主语的语句的实际功能。如:

> (8)当年,洪承畴那边,在东北打了败仗,这边崇祯皇帝,以为爱将已经殉国。于是在前门外的这座关帝庙里,给洪承畴,建了座塑

像，供老百姓瞻仰纪念。只可惜，多情总被无情伤。<u>一个太监</u>把洪承畴降清的消息带回了京城。这回崇祯可是伤透了心。一赌气，砸了塑像，大卸八块_儿。还命人把碎块，扔到了厕所的茅坑里。眨眼的工夫，洪承畴在荣辱之间，飞快转换。（《这里是北京》）

上例"一个太监把洪承畴降清的消息带回了京城"中，主语"一个太监"是新信息，其所指对象在篇章中是不确定的。而且，这个名词概念在后续篇章中不被回指，属于偶现信息。王灿龙（2003）发现，在多数情况下无定主语句表示的是偶现信息[①]。

1.2 通指"一量名"主语

就指称属性而言，有些"一量名"主语是通指的。这类"一量名"主语的特点是可以换成不带数量修饰语的光杆名词。例如：

（9）<u>一个人</u>关键是要有理想，循序渐进并且持之以恒。比如练轻功，从一尺深的坑里往上跳，每天加一寸，一点也不难，三个月之后，就能飞檐走壁了。（冯唐《十八岁给我一个姑娘》）

这里，主语"一个人"可以换作光杆名词"人"。"一量名"主语的指称不能解读为个体性名词，而是通指性名词短语。除了可以换作光杆名词，还可以在其前面加上"作为"。例如：

（10）像往常一样，他打了两壶开水，为自己泡了一杯茶，九点钟玻璃板上会有今天的报纸，可以就着茶学习。那些都是很重要的东西，<u>一个教师</u>需要仔细研究以明确塑造学生灵魂的方向。（冯唐《十八岁给我一个姑娘》）

上面这个例子中，"一个教师需要仔细研究以明确塑造学生灵魂的方向"中的"一个"并不指具体哪个人。这类情形下，句首不能加上"有"，因为这段话叙述的话题是特定人物——他。但是，可以变换成"作为一个教师需要仔细研究以明确塑造学生灵魂的方向"。

刘安春、张伯江（2004）提出，无定名词主语句重在介绍新事件的发生，所以其中的 NP 尽管是新的信息，但不需精确定位，所以"一个 NP"常常可以理解为"任何一个 NP"，这也就是有的学者倾向于认为句首无定名词有通指倾向的原因。但是，他们的分析中，并没有讨论本文所指出的两类不同的"一量名"主语句相对应的不同谓语，及其相对应的两类篇章功能类型——背景信息句和评价句。我们下面分别讨论。

2 背景信息属性

如上所述，叙事语体是以事件过程为主线，事件发生的时间顺序和事件参与者的行为是这类语篇的推进方式，在叙事主线上的信息内容是前景信息。背景信息作为事件主线之外的信息内容，包括时间、处所、伴随状态以及条件、原因等。

2.1 条件小句和原因小句

"一量名"主语的小句为状语性小句，表原因或条件。例如：

（11）**这袁崇焕啊**，从进大牢，到被处决，前后八个月。可您知道，**他**在大牢里干什么了吗？写了一封长信。就是劝那些，已经归顺了大清朝的，祖大寿这些人哪，继续效忠大明朝。**这袁崇焕**自己都混到这份上了，还劝别人忠君爱国，可见啊，**这人**是绝对够仗义。就算是这崇祯皇帝真的铁石心肠，也应该被感动了吧。但是，哎，重要的就是这"但是"，人家是皇上。咱们平时都说啊，大丈夫一言既出驷马难追，更何况是皇上，没那么轻易认错。所以呢，只能是将错就错，把袁崇焕给杀了。**话说袁崇焕**被杀了之后啊，愣是被老百姓给分了吃了。后来呢，<u>一位义士夜晚盗取了袁崇焕的头颅</u>，埋在了东花市，这才有了咱们下一个地点，袁崇焕祠堂。（《这里是北京》）

在这个例子中，叙述的主角是袁崇焕，在篇章中分别以"他""这袁崇焕""这人"等方式回指。"一位义士夜晚盗取了袁崇焕的头颅，埋在了东花市"是条件小句，说明之所以会有袁崇焕祠堂的前提。而其中的"一位义士"是偶现信息，在后续篇章中不再叙述这个人物。

如果改变"一量名"主语句的条件句地位，删除表达条件关系的副词

"才",就不能使用"一量名"主语句,也不能变成"有"字句。例如:

> (11') a. *后来呢,<u>一位义士夜晚盗取了袁崇焕的头颅,埋在了东花市</u>,这( )有了咱们下一个地点,袁崇焕祠堂。
>
> b. *后来呢,有<u>一位义士夜晚盗取了袁崇焕的头颅,埋在了东花市</u>,这( )有了咱们下一个地点,袁崇焕祠堂。

下面是"一量名"主语句做原因小句的例子:

> (12) 这个井口是后加的。为什么说后加的呢?因为第二年,珍妃被她姐姐瑾妃从井里捞了出来。按说,<u>一个死人被井水泡了一年</u>,应该泡得腐烂了,没想到面目栩栩如生。(《这里是北京》)

上面一例中,有可能"腐烂"的原因是"被井水泡";"一个死人"指的就是先行语句里已经引入篇章的人物"珍妃",但是这里却没有使用专名或者人称代词。这类用作原因句的"一量名"主语句在语境中也不能变成"有"字句。

2.2 表时间

"一量名"主语句还可以用作时间状语。其中"一量名"主语的所指概念不具有话题延续性。句首不能加上"有",只能采用"一量名"主语句。例如:

> (13) 当年,**洪承畴**那边,在东北打了败仗,这边**崇祯皇帝**以为爱将已经殉国。于是在前门外的这座关帝庙里,给洪承畴建了座塑像,供老百姓瞻仰纪念。只可惜,多情总被无情伤。<u>一个太监把洪承畴降清的消息带回了京城</u>。这回**崇祯**可是伤透了心。一赌气,砸了塑像,大卸八块ㄦ。还命人把碎块,扔到了厕所的茅坑里。眨眼的工夫,**洪承畴**在荣辱之间,飞快转换。(《这里是北京》)

上面这个例子里,"一个太监把洪承畴降清的消息带回了京城"提供的是崇祯开始伤心的时间。刘安春、张伯江(2004)发现,无定名词主语句前虽然没有"这时、此时"等时间词，但从上下文中，可以明显看出指的就是"正在此时"的意思。而且，可以在前面补上"此时"等时间词。尽管如此，仅看单句，"一量名"主语前面加"有"是合法的句子，但是放在语境之中却不妥。因为"太监"虽然是语篇中的新信息，却并非此段故事的叙述主角。王灿龙（2003）中提到的单说难以成句、在语境中能说的例子，有相当一部分属于这类事件状语小句。

我们认为，从语篇宏观角度看，"一量名"主语是偶现信息，并非叙事主线的事物。这类情形并非引入新的具有话题性的言谈对象，而整句的功能在于提供背景信息。虽然"一量名"主语句引入语篇的名词是新信息的载体，但是这个名词概念的话题性较弱。与"有"字句不同，这类主语名词的所指对象是叙述主线之外的信息，不处于篇章的话题链上。

2.3 表伴随状态

这一类"一量名"主语句，其引入语篇的名词是新信息的载体，所指对象是叙述主线之外的信息，不处于篇章的话题链上。例如上文例（5）"一只黑猫蹑手蹑脚地走过"、例（6）"一个牧羊人赶着一群口外羊从东边过来"，这些都是描述事件发生时的场景。

我们注意到，王红旗（2001）中提到的有些例子也属于提供背景信息的这一类。例如：

（14）走啊走啊，他们来到一个山坡上，忽然一头野猪从他们身边跑过，一群小鸟唱着歌儿从他们头上飞过……（转引自王红旗，2001）

我们认为，此例中的"一头野猪"和"一群小鸟"前面都不能加"有"。因为先行句的主语是"他们"，其指称对象应是这个篇章中反复被提及的对象。而野猪和小鸟如何动作，只是情节中的背景性事件。再如：

（15）a. 当官兵铺天盖地冲到坟前时，（*有）一阵狂风吹来，坟自动裂开一条口子……

　　　b. 他飞上九天一看，（*有）一口仙水在空中飞来飞去，他晓得定是它在作怪……

上面两例中,"一阵狂风吹来"和"一口仙水在空中飞来飞去"都是伴随状态。"一量名"主语都是偶现信息,不是篇章话题。如果在主语前加上"有",变成了引入篇章话题的句法形式,在语境中反倒是不能接受了。

刘安春、张伯江(2004)发现,无定名词主语句的作用就是在叙述性篇章中起到转移情节的作用,引出一个新的参与者和一个新的事件。例如(转引自刘安春、张伯江,2004):

(16)唐僧正在发愁,恰好一只小船从上游撑来。八戒赶紧招呼摆渡。

(17)她打开收音机,照例收听每日新闻,突然,一个十分熟悉的声音从收音机里传出,她凝神细听,这不是毛泽东在说话吗?是他……砰的一声,她昏倒在沙发上。

我们认为,这些例子当中的"一量名"主语确实打断了篇章的话题链,但是,就全句而言"一量名"短语的所指并不是篇章话题,全句仍然是传递背景信息的。例(16)的篇章主角是唐僧师徒;例(17)的叙述主角是"她"。

换句话说,在叙事语体里,"一量名"主语句的主语会引入新信息,但它不是引入篇章话题的偏爱形式。根据我们对 50 小时的自然口语语料的观察,"一量名"主语句表伴随状态是具有书面叙事语体特色的一个句法形式。

3 评价性"一量名"主语小句

3.1 时体特征

"一量名"主语句用作评价表达[2],其述谓语不体现事件的过程,要么述谓语是形容词,要么动词使用惯常体(habitual aspect)。做主语的"一个人"可以换成光杆名词"人"。例如:

（18）**文绣**_i离婚以后回到了北京，0_i找到了一所小学当老师。但总有人跟踪骚扰她_i。0_i无奈之下，**文绣**_i只好辞职。于是，**她**_i用离婚时得到的青春补偿费，0_i在德胜门内的刘海胡同安了家，0_i雇了几个丫头老妈子，0_i过起了大门不出、二门不迈，看书学画的清闲日子。在兵荒马乱的年月里，<u>一个离了婚的单身女人想过安生日子并不容易</u>。**文绣**_i曾经是皇帝的老婆，再加上又年轻又有点钱，难免令一些男人垂涎。上到高官，下到地痞，各种各样的男人，不断地到刘海胡同来骚扰文绣，令她不胜其烦，毫无安全感可言。（《这里是北京》）

上面的例子中，叙述的主角是文绣，可以看到后续的语句中，其指称形式有专名、代词或者零形回指。而"一个离了婚的单身女人想过安生日子并不容易"中的"一个离了婚的单身女人"并非特指文绣，而"想过安生日子并不容易"并不表达具有内部时间结构的事件，而是一个恒常命题。

上例"一量名"主语句中的谓语（"不容易"）是形容词。如果谓语是动词，也同样可以不表达个体事件。例如：

（19）只可惜，此次承德消暑游，对于咸丰来说，只能用四个字概括，叫作"有去无回"。咸丰十一年七月十七，慈安、慈禧成了寡妇了。<u>一个男人倒下去，两个女人站起来</u>。从此以后，慈安、慈禧手拉手，肩并肩，联合恭亲王，灭了八大辅臣。怀揣"同道堂""御赏"两枚大印，抱着孩子，走上了清末政治舞台。（《这里是北京》）

从所指对象的共指关系看，似乎上例的"一个男人"指咸丰皇帝，而"两个女人"指慈安和慈禧。但是，语境中却不能将"一个男人"换成咸丰皇帝、不能将"两个女人"换成慈安、慈禧。"一个男人倒下去"在语境中也不能加"了"，变成"一个男人倒了下去"或者"一个男人倒下去了"；"两个女人站起来"也不能这样变换。而且，这两个小句只能对举着说，不能删除一个，保留另一个。换句话说，这里的"一个男人倒下去，两个女人站起来"不具备内部时间结构，不是在叙述事件。这里，"一量名"主语句是一个言者显身的表达方式。

3.2 话语行为

惯常体小句不体现事件过程，不用于引入一个篇章话题，因此不能变成

"有"字句。更为重要的是，长篇叙述语篇中，"一量名"主语句的出现意味着故事讲述（story-telling）这种叙事行为（narrative action）的终止，是评价行为（assessment）的表达方式。例如：

（20）清史稿上说，**张廷玉**$_i$仗着自己是三朝元老，要这要那，患得患失。却也有人说，乾隆心胸狭窄，嫉贤妒能。君臣的事情，自古就没有对错。**张廷玉**$_i$为大清朝贡献了一辈子，不可能因为乾隆朝的官方评价，就葬送了他一世的清白。即便如史书记载，0$_i$真是倚老卖老，0$_i$患得患失了，转过头来想一想，一个年近古稀之人奉献了一辈子，也谨慎了一辈子；好不容易鼓起勇气，想为自己争取点什么，又有何罪过呢。（《这里是北京》）

上面这一例的篇章话题是张廷玉，这个话题成分引入篇章之后，分别用专有名词、第三人称代词和零形回指。"一量名"主语句的出现，是言者开启评论的时候才使用的。"转过头来想一想"并非所叙述的人物的行为，而是一个插入语，引出叙述者（narrator）的评价。其中"一个年近古稀之人"，虽然可以理解为张廷玉——前文已经引入的对象，但是，其后的几个小句不再是事件过程叙述，而是言者对前面叙述内容发表评论。

再如：

（21）我们今天所说的贤良祠，和曾经介绍过的贤良寺，可不是一码事$_儿$。贤良寺，现在的遗址，在石景山虎头峰下。而贤良祠位于地安门西大街103号。这座祠堂，聚集了自雍正八年，也就是1730年以来的99位劳动模范的牌位。其中当然少不了刘统勋。据史料记载，刘统勋死后，只留下一个儿子，也就是，我们所熟悉的宰相刘罗锅刘墉，还有一个孙子。至于财产，仅有田数十亩，茅舍一处。据说刘统勋的官服，50年没变过尺寸，可见他生活的节俭和朴素。刘统勋死后，牌位入贤良祠。据说刘墉在朝中得到认可，还是沾了老爸刘统勋的光。一个忠良之后的头衔$_儿$足以让刘墉少奋斗十年。如果说，刘统勋一辈子，没给子孙留下过什么遗产，但这"名声"二字，可算是千金难买的财富了。（《这里是北京》）

上面的例子里，篇章话题是贤良祠，说到它的地址及其命名的原委。而"一量名"主语的句子"一个忠良之后的头衔儿足以让刘墉少奋斗十年"中，"一个忠良之后的头衔儿"是新引入篇章的概念。这句之前，虽然有"可见"引出作为评价的"他生活的节俭和朴素"，但总体看，"一量名"主语句之前的语句是叙事，而其后则是言者对其所述内容的评价，以"如果说"[③]引出言者的进一步评价。

总之，所谓"无定 NP 主语句"具有其特定话语功能。在叙事语体中，"一量名"主语句是截断话题延续性的有标记句。从信息包装角度看，"无定 NP 主语句"是通过一种有标记的句型，凸显话语行为类型的转变。因此，我们认为，所谓"无定 NP 主语句"是篇章中区分叙事与非叙事两种不同话语行为的有标记的句法手段。

4 "一量名"主语句的强制性

孤立地看，单句"一量名"主语句前面可以加上"有"，但是在实际语境中未必如此。以往文献指出的"无定 NP 主语句"可以在句首加"有"（如范继淹，1985）这个规律，是受篇章条件限制的。其限制主要体现在两个方面，一是话题性，二是主句性。

4.1 弱话题性

我们知道，"有"字句具有引入篇章主题的功能。由于"有"字句的启后性更强，这个特点使得一些语境下，只能用"有"字句。

（22）话说呢，在这个明朝嘉靖年间，有一个落魄的书生$_i$。有一天啊，0$_i$溜溜达达，0$_i$就到了鹤年堂药铺的门口了。掌柜的一看啊，这书生$_i$挺可怜的，叫进来，留宿一宿吧。这书生$_i$呢，为了表达感激之情，0$_i$就给这药铺啊，题了一块匾，上书三个大字，鹤年堂。等到几十年过去了，有人啊，一看这匾，说这匾上啊，字里行间带着奸气儿。这匾为什么带着奸气儿呢？这就得说到题匾的人了。这题匾的人啊，就是今天节目的主角儿，明朝的奸相，严嵩。（《这里是北京》）

上面这例中，"有"字句后的"一量名"短语所指概念是首次引入篇章的，并且在其后的篇章中以不同的方式反复回指。

"一量名"形式做主语，一方面，通过有标记的句法形式截断话题延续性；另一方面，这种"一量名"主语句也是对叙述中的时间结构（temporal structure）的终结。例如：

（23）说起宣武区的菜市口，给人印象最深的，就得数清朝时候的刑场了。但今天，我们要给您念叨的，是菜市口另外一个身份，奸相严嵩的户口所在地，丞相胡同。菜市口菜市口，指的就是这个路口。路口南边的菜市口胡同，便是明朝大奸臣严嵩住的地方。过去，这儿叫丞相胡同。有人说，因为严嵩当年住在胡同里，而他官至丞相，所以这条胡同，被老百姓称为丞相胡同了。但也有人说，是因为明朝的时候，有个绳匠住在胡同里，所以最早，这儿叫绳匠胡同。后来老百姓叫顺了嘴了，就叫成"丞相"胡同了。绳匠也好，丞相也罢。反正严嵩当年住在这儿，是无可置疑的。严嵩住的宅子，究竟有多大呢？您琢磨琢磨吧。现在的菜市口南大街，就是过去的丞相胡同。就算当年的胡同没有现在的大马路这么宽，那咱就按照单向车道的宽窄算。甭管是占地面积，还是使用面积，也都不算小了吧。<u>一个丞相住在半条菜市口大街上，这倒也是无可厚非的事</u>儿。所以咱也没有必要，追究人家不明财产的来历。（《这里是北京》）

这个例子中，"一量名"主语句之前的语境中已经说到丞相严嵩，作为一个话题延续性很强的话题，后续语句中的主语完全可以用有定形式（比如专有名词、代词）来指称严嵩。但是这里却用了"一个丞相"这种"一量名"无定 NP 形式，提示话题链（topic chain）的终结。

另外，事件性是叙事语体的一个重要特征，这种事件性是以其时间结构来体现的（Labov，1972；Longacre，1983：94–100；Schiffrin，1994）[④]。而惯常体的编码方式，使得相关叙述跳出了个体事件的时间结构。

4.2 弱主句性

多数的"一量名"主语句，从单句看可以变换成"有"字句，但是在具体语境中却不可以做那样的变换。

首先，"一量名"主语句是状语小句，比如表条件（如例（11））、原因（如例（12））、时间（如例（13））、伴随状态（如例（14）（15））。从句法的角度看，它们都具有从句特征。

如果"一量名"主语句作为主句出现，它前面需要有时间或处所状语，例如：

（24）一天，一个老者讨饭到她家来了。

在这一例中，"一量名"主语句有"了₂"结句，前面有时间状语"一天"。通过"一量名"主语句前的时间或处所状语，开启一个新情节的起点。但是，这类例子往往要求后续句主语与先行句的"一量名"主语同指，而且要以名词（而不是代词）方式再现。例如：

（25）一天，一个老者讨饭到她家来了。老人看上去已经很久没有吃东西了，……

我们发现，标记情节节点的形式不限于句首的时间状语或处所状语。所谓"无定 NP 主语句"作为一种有标记的句法形式，也具有情节节点的标记功能。

其次，具有惯常体特征的"一量名"主语句，可以独立成句。这类句子或者根本不能换作"有"字句，如例（18）（19）（20）；或者换作"有"字句之后完全改变句义，如例（23）。

有些由"一量名"做主语的小句，本身就是一个内嵌小句，更不能变成"有"字句。例如：

（26）五次来北京，康有为一共七次上书，请求变法。起初根本没人搭理他。俗话说"人微言轻"，一个老百姓想跟皇上说上话太难了。更何况那会儿主事儿的，是光绪皇帝的大姨妈，慈禧太后。重重障碍。康有为除了跟那些权贵，混了个脸儿熟之外，没有任何收获。北京留给他的，除了郁闷，还是郁闷。（《这里是北京》）

相对于状语小句，作为内嵌从句中的"一量名"主语句，其主句性也是最弱的（另可参看方梅，2008、2018：5）。

"有"字句引入一个篇章主题，提供前景信息；而所谓"无定 NP 主语句"则不一定。其句法地位和篇章功能与它在句法整合中的地位密切相关。

在书面叙事语体里，"无定 NP 主语句"是体现背景信息的，除非它前面有先行时间、处所状语作为情节节点标记，改变其背景信息地位。

"无定 NP 主语"用于表现事件外的言者评论或提供背景信息的时候，其使用具有强制性，不能换成"有"字句。

5 小结

所谓"无定 NP 主语句"中的"一量名"主语，实际包含两类指称性质全然不同的名词短语：个体性指称（specific reference）和通指性指称（generic reference）。前者所在的小句体现具体事件，具有时间结构；后者所在的小句要求惯常体述谓语或者形容词谓语，不体现事件过程。前者具有描写性，后者具有评价性。

以往研究中讨论到"无定 NP 主语句"与"有"字句之间可以变换。但是，"一量名"主语句与"有字句"的篇章功能不同，是不同话语行为的载体，因而"一量名"主语句换作"有"字句是极其受限的。在叙事语篇中，具有惯常体特征的"一量名"主语句的使用，标记从叙事行为到评价行为的转换，是言者显身的表达方式。因此，所谓"无定 NP 主语句"除了将一个新的事物引入篇章之外，还具有特定的话语功能。

附 注

①王文的这个观察非常准确，但是文中又提到无定主语句提供前景信息，我们觉得文中两个结论似乎无法互相印证。从王文举出的 5 例看，虽然无定主语都是新引入篇章的指称对象，但是情况各有不同。其中 1 例含有定语小句（"一个穿蓝棉衣的黑大个男人"），1 例的无定主语句可以分析为背景信息（文中例（9）），前景句的主语是专有名词（"牟其中"）；有的无定主语小句的主语是新信息，而且后续小句的主语与它具有同指关系，但却不是篇章的主要谈论对象（如文中例（6））。

②关于评价研究，可参看方梅、乐耀（2017：1 – 63）、方迪（2018）。

③关于"如果"与"如果说"的用法差异，可参看董秀芳（2003）和李晋霞、刘

云（2003）。

④Labov（1972）提出，叙事（narration）包含四方面因素：时间的（temporal）、描述的（descriptial）、评价的（evaluative）和人际的（interpersonal）。这四个方面在篇章中是交错推进呈现的。Schiffrin（1994）在对比叙事（narratives）与列举（list）两种语体的差异时提出，时间结构（temporal structure）是叙事语体的重要特征。

第六章
饰句副词及其篇章功能

0 引言

副词是只能做状语的一类词（朱德熙，1982：192）。龙果夫是较早从句法位置差异的角度来分析汉语副词的。龙果夫（1958：189）指出："副词范畴可以分为基本的两类：第一类副词用作整个句子的加语，第二类副词直接属于谓语。"这种分类也是一般描写语法的分类。从功能范畴来定义，前者语义的作用域大于小句，称为饰句副词（S-adverb）；后者语义的作用域在小句内，称为饰谓副词（VP-adverb）。

作为修饰语，副词"做状语"，有的副词管界仅仅是谓语，有的则是复句，所以副词与连词最易"纠缠不清"。赵元任（1979：346）说，"要分别（a）副词性连词，即同时是副词又是连词，（b）副词兼属连词，即有时是副词，有时是连词"，"大多数关联副词都是副词性连词"。

汉语副词篇章功能的研究主要关注副词的主观态度表达和篇章衔接功能。20世纪80年代的汉语研究已经充分注意到，一部分副词具有篇章衔接功能。比如廖秋忠（1986b）在讨论现代汉语篇章中的连接成分时指出，这些连接成分并不是句子的组成部分。他归入篇章连接成分的副词包括语气副词（如"真的"等）、评价副词（如"其实"等）、时间副词（如"然后"等）。屈承熹（1991）指出，副词出现在主语或主题之前或之后，"虽不涉及句子本身的结构，却与篇章结构有很密切的关系"；"副词的位置也可能与'篇章'（或作'言谈'）组织有关"。彭小川（1999）在对副词"倒"

的语法意义进行讨论时强调了它的语篇功能。张谊生（2000a）注意到副词的篇章功能，讨论了关联副词的语法功能和意义，有专门著述《现代汉语副词研究》（张谊生，2000b/2014）；史金生（2003）注意到，副词除主要用于命题外，也表示说话人对于命题的主观态度，体现人际功能和语篇功能。

1 饰句副词的分布和语义

齐沪扬（2003）发现，在句法分布上，语气副词并不像其他副词那样总位于动词或形容词的前面，而是既可以位于动词或形容词前面，也可以位于主语的前面，呈现出相当大的灵活性。而且与其他副词小类不同，语气副词只有在动态的句子层面才能组合。杨德峰（2009）以《汉语水平词汇与汉字等级大纲》所列 93 个语气副词为考察对象，利用语料库进行统计后发现，语气副词有的只出现在主语前或主语后，有的则既可以出现在主语前也可以出现在主语后。杨文认为语气副词的分布存在范畴化现象，它不能根据表达的需要自由地放在主语前或主语后，语气副词位置的分布要受到句法条件的制约。

已有研究表明，有相当大一部分饰句副词是用来表达说话人的态度或者评价的，如"本来、大概、当然、倒是、万一、的确、难怪、敢情、怪不得、居然、确实、压根儿、幸亏"等（参看李泉，2002；史金生，2003；袁毓林，2002a；张谊生，1996、2000a、2000b；刘小辉，2012）。这些副词可以出现于主语后，也可以出现于主语前。

我们认为，饰句副词的一个重要标志就是它与表达从属关系的连词共现时的句法位置。饰句副词与连词共现的时候，必须居于连词前面。例如：

（1）a. 大概因为我没有同意他的意见，他见到我的时候挺不高兴。
　　 b. *因为大概我没有同意他的意见，他见到我的时候挺不高兴。

这一例的"大概"是在语句的命题表达之外的，这种分布上的强制性体现了饰句副词形式与功能的对应关系。

转折连词前后的语句是等立关系，转折连词甚至可以用作超句连词

（macrosyntactic conjunctions；Chao，1968：791）。饰句副词与表达等立关系的连词共现没有上述前置要求。例如：

　　（2）走的走，亡的亡，看来红楼梦里的女人们，虽然都跟怡红院有缘，<u>但毕竟</u>大多数都是有缘无分，有运无命啊。（《这里是北京》）

　　当然，出现在主语之前的副词并非都是饰句副词。比如，量化副词虽然可以用在句首，但是其功能是对句子中的名词性成分做数量限定。例如：

　　（3）a. 我<u>只</u>买了三本书
　　　　　b. <u>只</u>我买了三本书

　　这类副词语义上具有排他性，例（3）中 a 句排斥其他物品，b 句排斥"我"之外的其他人。无论"只"的位置在哪里，其排他意义不变。其语义限制对象也是语句中的句法成分，而非全句。相似的情形还有"就"的用法。例如：

　　（4）A：买什么了？
　　　　　B：<u>就</u>三本书。
　　（5）A：谁上午逛街去了？
　　　　　B：<u>就</u>我，没别人。

　　量化副词的辖域是语句中的一个句法成分而非全句，无论其分布位置在动词前还是句首位置，都不是饰句副词。

　　学者们已经注意到语气副词和时间副词常用于句首，而其他类别则相对少用。比如，李泉（1997）列出方式副词217个，占到了副词总数的33%，方式副词居句首的情况仅在书面语中出现两例，没有用在句尾的用例。杨德峰（2006）针对《汉语水平词汇与汉字等级大纲》所列62个时间副词在上千万字的"文学语料库"中进行穷尽性调查后发现，时间副词作状语以主语后位置为常。当时间副词居于主语前时辖域广，是对整个事件加以限定；出现在主语后时辖域窄，表示动作发生的时间，仅对动作加以限定。影响时间副词位置的因素不仅有音节上的限制，还有语用上的动因，即时间副词放在句首是为了突出时间。

潘国英（2010）用定量统计的办法，对北大现代汉语语料库 4.7 亿字的语料进行统计后发现，语气副词、时间副词的句法分布受到音节、语义、篇章功能、语体风格等多种因素的影响。

我们认为，上述研究所揭示的句首副词的语义表达倾向性主要是由篇章功能决定的。叙事语体以事件过程为主线，事件发生的时间顺序和事件参与者的行为是这类语篇的推进方式，在叙事主线上的信息内容是前景信息，主线之外的铺陈是背景信息。Chafe（1980：54）发现，英语叙事者更关注时间线索，情节转换手段是借助时间词语得以实现的。其实，汉语里面的情形相似，叙事语体中句首的时间词语也是情节分界点，而句首的表评价的副词是政论语体中的篇章管界的标记。廖秋忠（1987）对标记汉语篇章管界的成分进行了梳理，指出，句中的有些状语，一般位于句首，有时候所修饰的范围也可以跨越本句的边界，形成篇章管界。按语义来划分，这些可以带有篇章管界的状语可以分为九类，其中就包括时间、处所、评估类[①]。

我们关注的问题是，同一副词，有时在句首，有时在主语后，位置不同，意义有何差异。我们发现有两个问题特别重要。

第一，评价类副词，尤其是韵律独立的副词，在句首与在句中所体现的言者对所述内容的信度不同。

第二，多义副词在句首与在句中的语义不同，尤其是韵律独立的副词，在句首倾向表达时间或者评价的解读。

1）不同位置上的语气副词存在信度差异。语气副词的位置对信度表达有影响，前置的用法信度高。

（6）a. 他真的想领养一个孩子。

　　　b. 真的，他想领养一个孩子。

（7）a. 他真的想领养一个孩子，我相信/猜。

　　　b. 真的，他想领养一个孩子，我相信。

　　　c. ᵀ真的，他想领养一个孩子，我猜。

（8）a. 我怀疑他是否真的想领养一个孩子。

　　　b. *真的，他想领养一个孩子，我怀疑。

上面例（6）中 a 和 b 的差别在于"真的"的位置不同。例（6b）句"真的"位于句首，更凸显言者的确信度。这种差异可以从例（7）和例（8）得到证明。"真的"在主语后的时候，都可以后续"我相信"或"我猜"，如例（7a）所示；但是"真的"居于句首，可以后续"我相信"，而后续"我猜"就很奇怪，如例（7b）和例（7c）所示。含有"真的"状语的小句可以做"怀疑"的小句宾语。但是"真的"居于句首，后续"我怀疑"很难，如例（8）所示。这种现象就很难用韵律独立的饰句副词排斥用作内嵌结构来解释了。与上述现象平行的是，"可能、应该"等情态助动词在口语中也会发生位置游移，句首位置与句末位置同样存在信度差异（详见方梅，2013a）。

2）同一个副词，用在主语之后做饰谓副词时为摹状意义，用在句首做饰句副词时为时间意义。例如：

（9）a. 亲友渐渐的往外溜，尤其妇女们脑筋明敏，全一拐一拐的往外挪小脚。只剩下李山东和孙八至近的几个朋友依旧按着王德不放手。（老舍《老张的哲学》）

  b. 瑞宣呆呆的立在那里，看着，看着，渐渐的他只能看到几个黑影在马路边上慢慢的动，在晴美的阳光下，钱先生的头上闪动着一些白光。（老舍《四世同堂》）

  c. 载涛对自行车的喜爱也影响了他的侄子——末代皇帝溥仪，也就出现了故宫骑车和锯门槛的那一幕。但是没过几年，大清朝灭亡了，载涛的日子也随之难过起来。渐渐的，连房子都修不起了，曾经名噪京城的涛贝勒府变得破败不堪。（《这里是北京》）

  d. ?瑞宣呆呆的立在那里，看着，看着，他渐渐的只能看到几个黑影在马路边上慢慢的动，在晴美的阳光下，钱先生的头上闪动着一些白光。（老舍《四世同堂》）

例（9）中 a 句可以将"渐渐的"替换为"陆陆续续"，而 b 句不行。韵律独立的"渐渐的"具有明显的切分情节的作用，如 c 句，其前表述过程，其后表述结果。正是由于这个原因，"渐渐的"放在主语之后，意义从事件进程表达变为事件中的状态变化表达，如 d 句。

3）表时间的副词，在主语之后做饰谓副词为频度意义，体现时间内特定行为动作的频度。在句首做饰句副词虽然也表频度，但更为重要的是体现与前句之间的"总－分"关系，细化、阐释前句提出的命题。例如下面的（10b）和（11b）：

（10）a. 马林生完全想象得出，马锐的那一眼是怎么看的，他的那双眼睛<u>有时</u>比说出话来还气人。但不管怎么说，这也不能成为暴打人家一顿的理由。（王朔《我是你爸爸》）

　　　b. 他变得对马锐不闻不问，<u>有时</u>马锐主动向他请示或汇报些学校和家务方面的问题，他大都置若罔闻，最多嗯哼几句语焉不详地敷衍了事。（王朔《我是你爸爸》）

（11）a. 这时，他从镜子里看到躺在屋床上的儿子<u>偶尔</u>起身歪头往外看，由于里屋很明亮，他能清楚地看到儿子的一举一动。（王朔《我是你爸爸》）

　　　b. 凡是被他们冠以这一评价者他们谈起来都使用最轻蔑的口气。<u>偶尔</u>他们对某个人某件事看法也会发生分歧，但更多的是一个人对另一个人的随声附和。（王朔《我是你爸爸》）

在主语之后的"有时"和"偶尔"都是表频度的副词，表现为，在相同的位置替换成其他频度副词，依然是一个在语法上能接受的句子。例如，例（10a）的"有时"和例（11a）的"偶尔"替换成单纯表示频度的"经常"句法上没有问题，但是居于小句之首的"有时"和"偶尔"不能换成"经常"。

4）表方式的副词的辖域一般是谓语，方式副词前置，既可以解读为表达方式，也可以解读为表达时间，体现事件进程。例如：

（12）炉上的水壶盖轻轻吱叫，缕缕水蒸汽从壶嘴里袅袅冒出，<u>蓦地</u>水壶尖叫，马林生如梦方醒，忙起身把水壶自炉上拎下。（王朔《我是你爸爸》）

我们注意到，张俐（1997）列举的不能后移的句首状语，主要是表达时间的。例如：

（13）<u>往后</u>，你们过你们的日子，孩子过孩子的日子，两下里都要

好好的。(《小说月刊》，1998 年 10 月)

（14）不知不觉的，树林稀了，土地薄了。(《小说月刊》，1998 年 10 月)

有趣的是，所谓"不能后移"，其实是后移之后意义就不再是表现事件进程的了。

2　饰句副词的话题链阻断效应

在汉语叙事语体中，连续的几个小句的主语所指如果相同，其主语默认作零形主语（参看 Li、Thompson，1981；陈平，1987c），或者称为主语省略。

零形主语的编码手段是话题链中高延续性话题的表现形式（方梅，2005a、2008）。但是，当句首出现表达言者态度的评价副词时，这种话题链会被阻断。这种话题链阻断效应表现为，小句需要有显性主语。例如：

（15）a. 据天赐看，四虎子既有黄天霸这样的朋友，想必他也是条好汉，很有能力，很有主意。(老舍《牛天赐传》)

　　　b. 可是，他刚坐下，就翻脸不认人，要把我赶走！那金贞凤想必也是叫黄家赶了出来，还假充千金小姐！呸！呸！呸！(老舍《荷珠配》)

在这一例中，a 句第三个小句的"他"的先行词是"四虎子"，后续的两个小句"很有能力，很有主意"的零形主语也指向"四虎子"。如果将第三小句的"想必"删除，这一句中的"他"完全可以不出现。对比 b 句，这一例中，"想必"在主语"金贞凤"之后，后续小句"还假充千金小姐"的零形主语与"金贞凤"同指，而且把零形主语变成代词主语（"她"）反倒是更难以接受。再如：

（16）康有为也遭到通缉，幸亏他及时登上了英国客轮"重庆"号，逃亡日本，总算是躲过一劫。"中华民国"成立以后，1913 年，康有为才从日本回到祖国。(《这里是北京》)

（17）都说，慈禧一辈子要啥有啥，<u>其实</u>她一日三餐都得听人安排，不由自主。想吃点可口的，得提前预订，还不一定能吃得上。（《这里是北京》）

在例（16）中，两句说的都是康有为。"'中华民国'成立以后"是标记篇章管界的时间成分，尽管与前句话题相同，"康有为"仍以主语名词的形式复现。而第一句中，话题名词"康有为"在第一个小句已经作为主语出现，从句法上说，其后的相同指称的主语名词可以隐身。但是我们看到，这个话题主语还是没有省略，而是以代词"他"出现了。例（17）中的情况相似，话题"慈禧"在前面以主语形式出现，后一小句的主语也没有省略，而是以"她"做小句主语复现。原因在于后续小句有饰句副词"幸亏"（例（16））和"其实"（例（17）），它们的管界不限于当下这个单一小句，只有话题成分出现才有可能明确这种大于本句的管界关系。

话题链阻断效应②可以解释，为什么有些饰句副词，虽然可以用在句首也可以在主语之后，但是在具体语境里，它只能在主语之后不能用在句首。

3　韵律独立的饰句副词

已有研究早已注意到句首副词的韵律独立性。吕叔湘（1979）在《汉语语法分析问题》中谈到副词和连词的区别时提出：可以出现在主语前，也可以出现在主语后的是连词；不能出现在主语前（指没有停顿）的是副词。换句话说，在吕叔湘先生看来，在判定是连词还是副词的时候，是否有停顿是重要的形式标志。

饰句副词韵律上具有独立性，但是其分布也有所不同。有的只用在句首，有的除了句首位置之外，还会出现在句末，或者句中用作插入语。Li和Thompson（1981）根据副词在句子中的位置将副词分为"可移动副词"（movable adverbs）和"不可移动副词"（non-movable adverbs）。前者既可出现在主语或话题前，也可以出现在其后，后者则只能出现在主语或话题的后面。

典型的饰句副词具有韵律独立性，书面语里往往用标点隔开。就辖域来说，在韵律上独立的时候其辖域大于韵律不独立的时候。下面以表达评价的饰句副词为例：

（18）a. 直到多尔衮去世，福临才接受了正规教育。<u>毕竟</u>家庭环境、
学习环境都挺好，估计当年孝庄的胎教做得也不错，福临
很快就文治武功样样精通了，成为了一个快餐教育的重大
成果。（《这里是北京》）

　　 b. 更有意思的是，张之洞吃饭的时候，有椅子不坐，喜欢蹲
在椅子上吃。其实这点儿倒是可以理解。<u>毕竟</u>，他在山西
工作过很长一段时间，习惯了咱西北乡亲们蹲着吃饭的招
牌动作，倒也不足为奇了。（《这里是北京》）

　　例（18）中，a 句的"毕竟"居于小句之首，其辖域只有一个小句；后续
的第二小句和第三小句的主语与"毕竟"所处的小句主语不同。b 句韵律独立，
其后有多个小句，但是小句的主语具有共指关系，都指"他"（张之洞）。再如：

（19）a. 北京南城有座陶然亭公园，<u>想必</u>大伙儿都不陌生。

　　 b. 在咱北京城西北角，就是西直门、白石桥那一片儿啊，有
一个北京动物园儿。<u>想必</u>啊，甭管您是北京人，还是外地
人，再熟悉不过了。谁小时候都去过。（《这里是北京》）

　　例（19）中，a 句的"想必"在结句小句的主语之前；b 句韵律独立的
"想必"带语气词和停顿，后续一个"甭管……还是……"复杂句。

　　韵律独立的副词在口语里可以加语气词③，如上面例（19b）以及下面
例（20b）。

（20）a. 几百年过去了，法海寺，依旧那样的深邃、迷人。它背
后，一个个未解之谜，也依旧那样的牵动人心。<u>也许</u>，只
有寺院中的那些苍松翠柏和大殿里带有神话色彩的壁画能
为我们讲述这里更多的、不为人知的传奇故事。（《这里
是北京》）

　　 b. 有人说啊，她是历史上最睿智的一个母亲，被封为是大清
国的开国女王。在电视剧里头，美若天仙。一看画像，大
失所望。<u>也许</u>啊，我这口头表达能力再强，也没法一口气
把她故事讲完。（《这里是北京》）

有了语气词，饰句副词后的小句可以不止一个，后面语句的内部关系也可以是复杂句。也就是说，语气词的使用，增强了饰句副词独立性，使得饰句副词的特征更为显豁。

这些位置灵活的语气副词大体可分为两类。

（一）可以独用，语义上大都表示判断（肯定或否定），可以单独回答问题。包括：1）评注副词，如：当然、也许、大概、的确、确实、本来、敢情、不必；2）具有禁止意义的"不、没、别"。

（二）不能单独使用，即便在应答话语中也不能单独用来回答问题。这类语气副词在语义上与表达结果或推论密切相关，这样的副词更容易发展出篇章连接的功能。

韵律独立的另一个大类是表达时间的副词。例如：

（21）这时，他从镜子里看到躺在屋床上的儿子偶尔起身歪头往外看，由于里屋很明亮，他能清楚地看到儿子的一举一动。（王朔《我是你爸爸》）

（22）正在大伙儿纳闷儿的时候，突然，有人发现了断虹桥上有一只石猴子，左手举着这个水瓢，右手撂着自己的衣服，在那儿美呢。（《这里是北京》）

（23）这姿势很别扭，妨碍了他那流畅的遐想。终于，他立起身，跟谁赌气似地大步走向里屋。里屋明亮的灯光下，马锐躺在铺着凉席因而十分平整的大床上睡着了。（王朔《我是你爸爸》）

特别值得注意的是，有些副词韵律独立与韵律不独立时意义和功能存在差异。例如：

（24）"八虎"是谁呢？就是包括刘瑾在内的八个最受宠幸的太监。当然，也是当时的八个最大的祸害。起初这八虎挺抱团儿，一致对外，跟文武百官形成了对抗势力。但是面对功名利禄，荣华富贵，这八个人，也都不是省油的灯。于是内讧开始了。（《这里是北京》）

（25）话说，天有不测风云，人有旦夕祸福。随着明熹宗朱由校的突然驾崩，魏忠贤的死期也到了。崇祯皇帝登基之后，做的第一件事情，就是铲除魏忠贤党羽。起初，他以为魏忠贤势力强大，坚不可摧，只能让他引咎辞职，回家养老而已。随即，崇祯发现，魏忠贤的亲信，纷纷倒戈，主动供述他的罪状。这会儿，崇祯皇帝才决定斩草除根，杀掉魏忠贤。（《这里是北京》）

韵律独立的饰句副词具备情节节点的标记作用。刘小辉（2012）发现，时间副词位于句首，只出现在小说和北京口语的叙述部分，以叙述句为常；时间副词处于句首时，主语或话题有明显的转换。我们认为，由于表时间的饰句副词具有标记情节节点的功能，时间副词位于句首的分布特点体现了该类副词的篇章功能。

另一个与韵律独立相关的现象是，"单音节重叠式＋的"构成的副词与不含"的"的重叠形式有了分工。"单音节重叠式＋的"作饰句副词韵律可以独立，而不带"的"的形式，即便用作饰句副词，韵律上也不独立。含"的"的形式，由于韵律独立的饰句副词辖域更大，因而其功能更加偏向表达事件进程，标记事件发展的不同阶段。例如：

（26）a. 说到这儿，您先别害怕，坐稳了，听我跟您慢慢解释。（《这里是北京》）

　　　 b. 哥哥死了，哪能让嫂子跟太监这么鬼混呢。所以，慢慢的，恭亲王就对安德海看不惯了。（《这里是北京》）

这一例中，用作饰谓副词的"慢慢"是摹状意义，描摹行为样态；韵律独立的"慢慢的"则指时间，体现事件发展的重要节点。下一例"渐渐的"也是体现事件进程的，与下文"最后"共同描述事件的不同阶段。

（27）新的睿亲王府，规模十分宏大。……就这样传了十二世，到末代睿亲王中铨，已是民国年间。王爷爵位形同虚设，取消了俸禄。可末代睿亲王中铨的生活习惯依然没变，挥金如土，修房子，修花园，安电话，买汽车。渐渐的，就把祖上留下的财产全给花光了。最后，连王府也被法院查封，作为学院。府中建筑，屡经拆改，渐失原貌。府中神库，改为礼堂，也就是今天的，北京第二十四中学。（《这里是北京》）

除了上面的"渐渐的"，还有"常常的"。用作饰谓副词只能是"常常"，不能有"的"；韵律独立的"常常的"是饰句副词，属于廖秋忠（1987）所说的表示状况的一类。例如：

（28）a. 常常的，我站在暴雨滂沱或大雪纷飞的窗前，不无安慰地想，即使被困上十天半个月的，我也一定不会饿死了。（舒婷《柏林饮食》）

　　　b. *我常常的站在暴雨滂沱或大雪纷飞的窗前，不无安慰地想，即使被困上十天半个月的，我也一定不会饿死了。

我们认为，副词性"单音节重叠式＋的"的浮现与篇章管界需要韵律独立密切相关，相对而言，韵律独立的饰句副词比韵律不独立的具有更强的篇章功能。韵律独立或许是促使重叠式饰句副词加"的"的诱因。

4　小结

从分布上看，饰句副词用于句首，而不是在主语之后的紧邻谓语的位置。从语义类别角度看，饰句副词多数是时间副词，其次是评价副词。时间副词用作饰句副词的时候，往往用于场景转换相关处，成为情节节点标记。饰句副词具有话题链阻断效应。韵律独立的饰句副词具有标记事件进程的作用。廖秋忠（1987）指出可以形成的篇章管界有九类成分。我们认为，韵律独立的饰句副词也可以作为提示篇章管界的一种手段。

附　注

①廖秋忠（1987）提出的可以形成篇章管界的九类成分：1）时间和处所词或短语；2）状况短语；3）过程短语；4）目的短语；5）消息来源短语；6）角度短语；7）评估短语；8）话题短语；9）方面短语。并且指出，1）、2）两类短语提供事件发生的场合。3）、4）两类短语指出事件发生的背景。第5）类短语表达所报道的消息来源。第6）类短语表达观察事物的角度。第7）类短语表达说话人对所说的话的真实性所做的估计。8）、9）两类短语则分别表达话题或话题的某一方面。

②后一小句省略的主语与前一小句的主语以外的成分同指，不属于话题延续的例证。例如："纪晓岚就曾经在这里工作和战斗过。他当时担任的是故宫武英殿的纂修，大概也就相当于现在的责任编辑。"其中"大概也就相当于现在的责任编辑"的主语是回指前一小句宾语"武英殿的纂修"。

③副词后加语气词的例子还可参看方梅（1994）。

第七章
言说类元话语的篇章功能

0 引言

叙事语体与说明语体的篇章衔接方式有所不同。说明语体以论点与论据的逻辑关联为主线，篇章内部结构以"核心句—卫星句"为主要支撑（Mann、Thompson，1987）；而叙事语体是以事件过程为主线，事件发生的时间顺序和事件参与者的行为是这类语篇的推进方式，在叙事主线上的信息内容是前景信息，主线之外的铺陈是背景信息。因此，叙事语体中，句首的时间状语和处所状语往往成为情节的分节点（Chafe，1980）。事件主要参与者——篇章主角的转换在事件过程描述中也同样扮演重要的角色。

Longacre（1983：3-5）在《篇章的语法》中根据有无时间连续性（temporal succession）和是否有行为主体的关注（agent orientation）这两个标准把语体分为叙事（narration）、操作指南（procedural discourse）、行为言谈（behavioral discourse）和说明（expository discourse）四类（关于汉语中语体差异的句法表现可参看方梅，2007、2013c）。

典型的叙事语体具有时间连续性，关注动作的主体。叙事语篇的宏观结构依靠时间顺序来支撑。如例（1a）有表达时间先后的"又、然后"。但是例（1b）没有时间词语出现，其叙述顺序默认作事件发生的先后顺序。

（1）a. 扎蝴蝶结的小姑娘找到了目标，把手绢轻轻地放在一个小个子的姑娘身后，<u>又</u>装作若无其事的样子走了几步，<u>然后</u>猛跑起来。

b. 一张对折的钞票躺在人行道上。一个人弯腰去捡钞票。

噜——，钞票飞进了一家店铺的门里。一个胖胖的孩子坐在门背后。他把钞票丢在人行道上，钞票上拴了一根黑线……胖孩子满脸是狡猾的笑容。（汪曾祺《钓人的孩子》，转引自刘乐宁，2005）

事实上，时间和处所表达除了用作叙事语篇的情节衔接处之外，还用作话题、情节和场景的调度和组织。这类成分可以叫作篇章衔接成分。

篇章衔接成分是指超句连词（macrosyntactic conjunction；Chao，1968：791）。从文献看，目前对汉语篇章中的衔接成分分类最为细致的当属廖秋忠（1986b）的论述。他把篇章中的连接成分分为两个基本类型："时间关系连接"和"逻辑关系连接"。两大类之下，按照被连接语句之间的语义关系再分为三类：1）顺接连接；2）逆接连接；3）转接连接。转接连接下设转题连接和题外连接。廖文指出，转接连接成分表示作者/说话者将进入一个新的话题。它的上下文所包含的话题可以是相互独立的，也可以是同属一个话题组的。不难看出，顺接连接和逆接连接是从前后小句的逻辑语义表达关系来说的，而转接连接实际是从篇章关系角度来说的。

廖秋忠（1986b）所述转接连接这一类的成员，大致与赵元任（Chao，1968）的超句子的连词接近，赵元任认为这些连词属于弱化了的主句（reduced main clause，Chao，1968：794）。弱化了的主句有两类：1）"我想"，语音上弱化为前附（proclitic）连词，或者后附（enclitic）助词（Chao，1968：134）；2）连词，如"总而言之、这就是说、换言之、换句话说、据说、回头"（Chao，1968：794）。我们认为，"单说"正属于弱化了的主句的第二类。

来自言说动词或见证动词短语的篇章衔接成分主要有含有"说"的和含有"见"的两大类，例如"却说、单说、就说；却见、但见、只见"。其中"就说、只见"是后起的现代词汇，使用上与以上两组大致是词汇替换关系。已有文献从词汇化角度讨论"就说"和"只见"，或者从现代汉语篇章材料看这类词汇的篇章功能。

1　元话语与叙述者视角

1.1　元话语

所谓元话语就是关于话语的话语。据 Hyland（2005：49）的元话语描写系统，元话语包括语篇交互性（interactive）元话语和人际互动性（interactional）元话语两个大类。语篇交互性元话语包括：1）转接语（transition），体现小句之间的关系，如 in addition、but、thus；2）框架标记（frame marker），体现言语行为、序列或阶段，如 finally、to conclude、my purpose is；3）内指标记（endophoric marker），提及语篇中其他部分的信息，如 note above；4）传信成分（evidential），显示提及其他语篇的信息，如 according to X、Z states；5）编码注释（code gloss），显示对命题的详细阐释，如 namely、such as、in other words。人际互动性元话语包括：1）模棱语（hedge），如 might、perhaps、possible、about；2）助推语（booster），如 in fact、definitely、it is clear that；3）态度标记（attitude marker），表达作者/言者对于命题的态度，如 unfortunately、I agree、surprisingly；4）自我提及（self mention），显示言者，如 I、we、me、our；5）参与标记（engagement marker），明确地建立或加强与读者之间的关系，如 consider、note、you can see that。关于各家元话语理论的介绍可参看徐赳赳（2010）。

元话语是指向语篇本身的语言形式，如"下面我们换一个话题""这些内容我们将在接下来的一章讨论"等。Beauvais（1989）提出，只有那些带有言语行为语力的述谓语（illocutionary predicates）才属于元话语，例如"我相信"（I believe that）或"我们证明"（we demonstrate that）等。

Hyland（2005：16 – 19）认为，元话语是受述者视角（reader/narrator oriented）或人际策略（interpersonal strategy）的产物，它体现了发话者关心受话者对于语篇的详尽、清楚、引导和交互等方面的需要。

在一般的言谈交际中，元话语的表达形式既有语词性的（verbal），也有非语词性的（non-verbal）。根据 Argyle（1972）、Crismore 等（1993）的研究，非语词性的元话语表达形式包括口头的和书面的两类。口语的元话语表达途径有副语言（语调、重音、音量、音质、身体距离、身势等）。书面表达包括体例、媒介、标点等。

大致说来，语篇交互性元话语属于信息层面（informative），而人际互动性元话语属于互动层面（interactional）。从元话语研究文献看，西方学者的讨论涉及言说动词和见证动词时，功能扩展多为示证或编码注释用法。而自我提及和参与标记主要通过第一人称代词和"试想、请注意、你们可以看出"一类祈使句式体现。

1.2 叙述者视角

叙事语体（narrative）的典型语料是独白的故事讲述。中国传统的"说书"有开场套路，它的起承转合模式具有文体特征。例如：

（2）水调数声持酒听，午醉醒来愁未醒，送春春去几时回，临晚镜，伤流景，往事后期空记省，沙上并禽池上暝，云破月来花弄影，重重帘幕密遮灯。风不定，人初静，明日落红应满径。（右调天仙子）

转瞬端阳已过，夏至正是今朝。园林喈喈正鸣蜩，高卧北窗寄傲。两眼懒观新世，社会现象难瞧。生活程度又增高，米面竟长不落。幸喜旗饷到手，节前稍免心焦。炖鱼煮肉就烧刀，懊吃懊喝懊吵。倚赖终非善策，自强莫惮勤劳。千万不可信讹谣，敬告八旗父老。

引场辞之外，这段《西江月》，算饶头。闲言不提，即刻开书。

单说直隶永平府，有一家绅士姓范。世代书香，家里举人进士都拿鞭子轰（举人进士属羊的），出仕作官的也很不少。（损公《新鲜滋味之十四种：张文斌》）

以话语形式显示叙述过程和叙述者的存在，在叙事学（narratology）上称为"元叙述"（meta-narrative）。"说书"是现场讲述，它的元叙述既要充分体现叙事情节自身的篇章架构，又要构建与听众的互动。元叙述的表达方式归根到底是叙述者对受述者关照的体现。

"说书"一方面体现叙事语体的表达共性，另一方面，其现场互动性特点使叙述者视角的编码方式尤为显著。这种叙述者与受众间的人际互动的构建，可以通过叙述之外穿插评论性表述得以实现。例如：

（3）秦亡无古乐，世降有梨园。旧史多仇忾，新诗半泪痕。几经霜锁径，今日月临轩。只此饶清趣，忘机昼掩门。

因与花为谱，三霜暂假园。地偏人共淡，香去墨留痕。自笑成通隐，秋来爱此轩。正愁无好句，适有客临门。

在下这两天湿气大作，写字都得爬着，你瞧多大罪孽！有人说我是嘴损的。就说我损罢，可损我才损呢，我并没损好人哪！好人我还夸呢。这些个事也不说。这两天病体颓唐，心绪恶劣，简直的不爱动笔。

<u>不动笔可又不行，要作首引场辞，居然会作不上来。只得抄录友人两首秋园谱菊的五律，聊以塞责。</u>

　　<u>散言碎语交待已毕，这就开书</u>。单说西城曹老公观后身，住着一个麻花刘。原是山东人，自幼儿父母双亡，受叔叔婶婶的虐待，几乎没把孩子给折磨死。后来有街坊把他带到北京，在某粥铺学徒，随后下街卖烧饼。人缘儿很好，卖货分外比别人卖的多。到了二十多岁上，……（损公《新鲜滋味之四种：麻花刘》）

这种互动关系的构建还可以通过虚拟受述者的问答得以实现。例如：

　　（4）过了些时，本县南乡，出了一件奇案，每逢到小说上，一提到奇案，不是谋害亲夫，就是无头的案子，这是千人一面的套子。谁知这宗奇案，跟普通的奇案不同，旁的奇案，都是刑事的案子，惟独这个奇案，是民事的案。<u>这位说了，民事的案子，有甚么出奇？这案要是说出来，管保出奇</u>。单说南乡尚家村，有一家绅士姓尚，尚家原是财主，尚老头儿又作过一任知州，告老还乡，跟前三个少爷，一位姑娘。大少爷叫秉义，二少爷叫秉崑，三少爷叫秉田，姑娘叫秉贞，嫁与本村李监生为妻，三位少爷也都成了家。（损公《新鲜滋味第二十二种：回头岸》）

从历史传承上看，"说书"对现代汉语叙事语体的表述方式产生了很大的影响。下面是老舍《骆驼祥子》的开篇，叙述者（narrator）以"我们"直接出现：

　　（5）<u>我们</u>所要介绍的祥子，不是骆驼，因为"骆驼"只是个外号；那么，我们就先说祥子，随手儿把骆驼与祥子那点关系说过去，也就算了。（老舍《骆驼祥子》）

现代汉语叙事语体的表达方式带有明显的"说书"痕迹，体现言者视角以及叙述者与受述者的互动关系的多样元话语形式。我们认为，叙事语体中一些词汇的功能扩展与近代以来"说书"的叙述方式密切相关。

下面首先以清末民初小说为对象，讨论"单说"的用法。

2 "单说"的篇章功能

"单说"常用在两类情形：一是开启情节，用在从开场词过渡到故事情节的地方。二是转换情节，用于场景转换或话题转换。

2.1 情节开启

情节开启往往以引入篇章主角的方式展开，高频的句式是"有"字存在句，如上面例（2）"单说直隶永平府，有一家绅士姓范。……"或者出现句，如例（3）"单说西城曹老公观后身，住着一个麻花刘。……"。再如：

> （6）浩劫谁开五大洲，无端纷乱扰全球。蜗争蚁战宁天意，斗角钩心运鬼谋。此局真成千古变，浮生空抱百年忧。静观物理殊堪笑，浊酒频浇一遣愁。
>
> 拙诗念罢，开场说书。<u>单说民国元年，选举议员的时候儿，河南伊阳县，有一个当选的议员，姓周号叫小宋</u>。三十多岁，父母双全，没有弟兄，家里很是丰富。（损公《新鲜滋味之三种：理学周》）

我们知道，存在句和出现句是汉语中导入话题的典型句式（Li、Thompson，1981：100；屈承熹，2006：203）。这类句式的动词后名词往往是篇章话题，具有很强的启后性（参看刘安春、张伯江，2004；方梅，2005a；许余龙，2004、2007）。表现为，其后若干句的零形主语都会与它同指（co-referential），构成一条完整的话题链（topic chain）①。如上例"三十多岁，父母双全，没有弟兄，家里很是丰富"的话题是"姓周号叫小宋"的人。

2.2 场景转换

情节转移类用法与情节开启不同。这类用法常采用先否定、再肯定的叙述方式。例如：

> （7）话不烦叙，烟家伙拿到，还拿来一小盒儿烟来，公母俩当时躺

在一个床上，仲芝烧了一口才要抽，贺氏说："你先给我啵！"当时一别气儿把这口抽空，又烧了一口，仲芝才抽。<u>公母俩这里抽烟，暂且不提</u>，<u>单说</u>如芝见他们公母俩逅奔东院，叹了一声，向江氏说道："你瞧他们夫妇两个，面似菠菜，等于活鬼，方才吃完了饭，一个打哈欠，一个流鼻涕，简直的支持不住了，我让他们歇着去，我那是给他们台阶儿，现在你猜他们作甚么呢？"（损公《新鲜滋味第二十二种：回头岸》）

（8）李二去找吴瘸子，<u>暂且不提</u>。<u>单说</u>大春子，由酒铺儿出来走了不远儿，迎头遇见一个人。此人姓张行五，人称天主张。他原信奉希腊教，后来不守教规，被人逐出教外。这个人心地非常之坏，自打出教之后，任落子没有。（损公《新鲜滋味第二十六种：五人义》）

2.3　话题转换

这类用法是通过"不提……，单说……"，或者"闲话打住/不提……，单说……"等对举方法，转换言谈主角。例如：

（9）<u>闲话不提</u>，<u>单说</u>大春子。破城之后，他有鬼胎，那阵子很提心吊胆，恐怕人家报复。后来听说主教英呢肯提不准报复，他心里感激的了不得。（损公《新鲜滋味第二十六种：五人义》）

（10）春爷听在心里，又要了两壶酒。那天一共吃了八吊几百钱，自然是春爷会账，快嘴吃了个乐不可支。春爷说：你给打听打听，麻花刘有甚么消息，后天咱们还是这儿见。"快嘴说："你交给我了。后天还得喝你个酒儿（这块骨头）。"春爷说："那就不用搞了。"快嘴说：我也不道谢了。"两个人当时出离了茶馆儿。

<u>不提快嘴</u>，<u>单说</u>春爷。回到家中，杨氏一天没吃饭，大奶奶那里直劝，说：又有孩子吃奶，你不吃东西行吗？"春爷安慰了一番，大致把快嘴说的话，略说了一遍，随后说道：……（损公《新鲜滋味之四种：麻花刘》）

（11）彼时天已昏黑，这就点灯笼找火把，分途进行。灯笼火把亮子油松照如白昼，王四扯着脖子，满街上直喊姑爷，招的狗是直咬，这分儿乱就不用说啦。一直绕了多半夜，哪里有姜登朝的影儿。偏巧有个

街坊是近视眼，跟着也这们一瞎扑，没留神耍在粪坑子里啦，大喊救人。好容易才把他揪上来，这分儿臭就不用提啦。天光已然大亮，这位臭爷，好在离家近，自己爬回家中不提。

单说王四，见寻不着姑爷，急的也要跳河，大家把他劝回家中。妈妈儿也很着急。（损公《新鲜滋味第六种：刘军门》）

这一类用法，虽然导入话题的方式不是存在句或出现句，但与前一类用法相同的是，同样具有很强的启后性，"单说"导入的话题默认作后续句中零形主语的所指对象。

"单说"导入话题如果不依赖对举形式，则在书面形式中以另起段落为标志。例如：

（12）大家走后，秀氏痛哭流涕，又苦劝了一回，大春子向来最听秀氏的话，今天有点邪神附体，跟秀氏瞪着眼睛这们一嚷，怒发冲冠，双眥欲裂，要玩儿命的神气。秀氏见他这宗状况，也就不敢再劝了。

单说这个李二，外号儿叫画眉李（足见素日能聊）向来捉风捕影，平地起孤丁，有造谣言学校最优等毕业文凭。（损公《新鲜滋味第二十六种：五人义》）

（13）……在那个年月，当奶子的，混着这样事，总算是不错了。

单说这个奶妈子，娘家姓魏婆家姓赵，今年二十六岁，高身量白胖子，是个旗装，为人端庄正派，忠厚老实，……（损公《新鲜滋味第十五种：搜救孤》）

"单说"无论是用于情节开启还是情节转换，都是显示叙述者视角（narrator-oriented）的表达方式，体现了叙述者对篇章结构的组织意图。

廖秋忠（1986b）指出，转接连接成分表示作者/说话者将进入一个新的话题。它的上下文所包含的话题可以是相互独立的，也可以是同属一个话题组的。转接连接分转题连接和题外连接。其中的"转题连接成分"（如"至于"）表示作者/说话者将离开叙述主线，附带说几句有关的话，例如"顺便说一/几句、附带说一/几句"等。近年来，也有学者把"至于"分析为话题标记，认为"至于"具有转换话题的作用。

我们认为，"至于"确实具有转换话题的作用，但"单说"不同于"至于"。

第一，"至于"引导出的新的话题不是叙述者着意说明的对象，具有附带说明的意思。例如"如果多数人都同意，那就这么定了。至于个别同志有不同意见，在下面再做做思想工作。"

第二，"单说"转换话题，用于叙事语篇。而"至于"转换话题，用于说明语篇。因此，上面讨论到的例子，"单说"都不能换成"至于"。

3 小结

1）"单说"是动词短语，但是它们做谓语不同于一般言说动词和见证动词："单说"做谓语的小句，如主语不出现，则默认为言者主语，而不是施事主语。

2）"单说"做谓语，有主语与没有主语时"说"的意思不同。有主语的时候"说"不是"言说"义，而是"批评"义。例如"你不提别人单说我，我当然不痛快了。"

我们认为，"单说"排斥小句主语的语法表现，说明它们已经从主句动词变为篇章衔接成分。一方面我们能够看到"单说"述谓功能的弱化，另一方面，伴随着它发生去范畴化的是，它的篇章功能和元话语功能的浮现。

与"单说"功能近似的还有"话说"。玄玥（2011）对几部章回小说的统计发现，《水浒传》120回中，102回是以"话说"开篇；《西游记》有21章以"话说"开头，有43章以"却说"开头；《儿女英雄传》的"话说"没有引入话题的，但是引入话题用"却说"的有189处；《儒林外史》"话说"3例，几乎都用在篇章的开头。

与"单说"结构相似的"再说"也经历了从述谓性小句到篇章宏观连词的过程（郑贵友，2001；罗耀华、牛利，2009），例如：

（14）武松把那打大虫的本事，再说了一遍。（《水浒传》第二十三回）

（15）再说金老得了这一十五两银子，回到店中……（《水浒传》第三回）

（16）富人目标大，犯罪分子把他们作为对象，是投入小，收益

大。<u>再说</u>，加害富人的，也未必是穷人。（《人民日报》2005 年 11 月 5 日）

上面例（14）中的"再说"还是述谓性动词短语，而例（15）中的"再说"用作转移话题，例（16）中的"再说"就已经用作连词了。

比较来看，"单说"只有句首分布，而没有"小句＋单说"这样的句末分布，篇章功能也相对单纯。

汉语中含有（言）"说"的元话语成分非常多，如"听说、据说、俗话说、常言说、按理说、按说、照说、依我说、照我说、比如说、譬如说、换言之、换句话说、简单地说、就是说、相对来说、反过来说、顺便说一下、总的来说、总起来说、总体上说、一般来说、一般说来、不用说、老实说、不瞒你说、说实在的、说真的、说到底、说心里话、再（者）说、应当说、可以说、不消说、不管怎么说、具体说、这么说、说来"等。跨语言看，"说"的虚化方向往往与示传信畴密切相关（参看 Heine、Kuteva，2002：256；Rett、Murray，2013）。因此，汉语言说动词向元话语的功能扩展现象具有特别重要的意义。

附　注

①屈承熹（2006：3）将汉语话题链归纳为三个阶段：1）导入（introduction）；2）选取（pick-up）；3）接续（continuation）。例如：

洛阳有个名歌女，叫杨苧罗，聪慧过人，以语言尖巧冠于一时。

例子中"有"字句导入两个名词，"洛阳、歌女"。但后者"歌女"更容易被后续句选择作为话题，后面连续三个小句的主语都是零形主语，指向"歌女"。

第八章
语篇衔接与视角表达

0 引言

在上一章我们讨论了"单说"的篇章组织功能。同时指出，作为宏观连词，动词或小句来源的篇章衔接成分在汉语中占有非常重要的地位。我们发现，从篇章功能看，言说类与见证类动词虚化后都具有元话语属性，显示情节之外的叙述者视角，但两者存在差异。其差异性表现为，"单说"是单纯的叙述者视角表现形式，用作开启情节，或者建立篇章话题，属于框架标记；而见证类动词有的未完全虚化，既可用于体现情节内人物视角，也可用于体现"无所不知"的全知视角，比如"但见"。

用于情节内人物视角的"但见"，虽然它所在的小句与"单说"小句一样不允许显性主语，但允许作零形主语解读，并与话题之间具有同指关系。而全知视角的"但见"，它所在小句则不允许作零形主语解读；此时的"但见"用作提示受述者关注其后叙述内容，使之具有前台信息的属性。"但见"属于参与标记，叙述者视角与情节人物视角重叠是其虚化为元话语成分的临界语境。汉语零形主语的句法促使低控制度的主句动词（如："说""见"构成的表达）弱化，成为篇章衔接成分。

在当代汉语篇章中，更多的是使用"只见"。关于"只见"的篇章功能，刘安春、张伯江（2004）曾经有所涉及。董秀芳（2007）则明确把汉语书面语中的"只见"看作话语标记，指出有些"只见"的前面并没有出现明确的行为主体，"只见"反映的是叙述者或者文本作者的视角，其目的在于引进一个新出现的情形，推进前景叙述，这种"只见"就具有了话语标记的性质。例如（引自董秀芳，2007）：

（1）乌拉圭球员本戈切亚主罚任意球，<u>只见</u>他拔脚怒射，球飞过巴西队人墙，从球门左上角入网。

（2）4 名小伙子上阵了，化伟第一个滑下来，<u>只见</u>他凌空一跃，平稳地滑落在雪道上，获得 108 分的好成绩。

这种用例甚至可以在新闻媒体中见到。例如：

（3）9 日上午 9 时 04 分，美国俄克拉何马城中心，"轰"的一声巨响，<u>只见</u>火光冲天，浓烟滚滚，响声和震动波及数十英里之外。

（4）5 时 15 分，护卫队长一声令下，军乐队高奏国歌，<u>只见</u>升旗手一挥手，五星红旗在千万双眼睛的注目礼中冉冉上升。

董秀芳（2007）指出，这类用法在宋代作品中就已经出现，例如：

（5）话说那先生撒帐未完，<u>只见</u>翠莲跳起身来，摸着一条面杖，将先生夹腰两面杖，便骂道：……（宋《快嘴李翠莲记》）

我们认为，这类"只见"属于篇章衔接成分，它的用法与早期的"但见"一脉相承。要搞清楚现代用法，就有必要从其早期形式"但见"来观察。

更为重要的是，"但见"既可用于表达情节内人物视角，也可用于体现"无所不知的"叙述者视角。这个特点与"单说"不同，也有别于"只见"。

1 情节内人物视角

情节内人物视角这类用例中，"但见"前面可以补出隐含的"见"的行为者。例如：

（6）大春子正挨着英主教坐着。他偷眼观看，但见英主教有四十多岁，站起来是个高身量，四方脸，白胖子，高鼻子（欧洲人没有扁鼻子的）连鬓黑胡子，足有一尺多长，很是个样子。大春子暗暗的喝彩，心说无愧他当主教，这个人的骨格尊容，是长的不含糊。（损公《新鲜滋味第二十六种：五人义》）

（7）在庙里绕了个湾子，喝了会儿茶，二反出来，走在灶温饭铺门口儿，忽听后头有人直叫：曹先生曹老爷，你可怜可怜我啵！曹立泉回头一瞧，不由的一楞儿。但见一个五十多岁的穷老太太，挽着个旗阉儿，穿着个破蓝布衫儿，愁眉泪眼，一脸的菜色，原来不是别人，正是他师娘富二太太。曹立泉知道没有什么好事，……（损公《新鲜滋味第十八种：曹二更》）

例（6）"但见"前面有一小句"他偷眼观看"，"但见"的行为主体显然是情节中的人物"大春子"；例（7）"但见一个五十多岁的穷老太太，……"的行为主体都是"曹立泉"。

2　全知视角

除了表达情节中的人物视角，"但见"还可以表达"无所不知的"全知视角（也称"上帝视角"或"超叙述者视角"。关于超叙述者视角，参看申丹，2004：95；谭君强，2014：56－71），全知视角既非情节内人物视角，亦非叙述者视角。例如：

（8）这里郑圣人是直骂，兰姐儿是直哭。本来采芹为人忠厚老实，向来没得罪过人，犯法的事情更没作过啦，大家都代抱不平。郑圣人一生气，病又回来了，站了几回也没站起来，一死儿要找到县里拼命去，大家连劝带拦，老头子一定不活着了。当时有一个老街坊王老好儿劝道说："大哥你这个病身子千万不可着急，等着小毛回来，听一听甚么案子再想法子。我等大家联衔具禀，无论如何也把他保的出来。"

正这儿说着，但见毛豹气喘嘘嘘跑了进来，一进门儿连说："反了反了，真真的要把人气死！"王老好儿说："倒底怎么回事，你就快说罢。"

毛豹当时把打听的情形，一五一十说了一遍。（损公《新鲜滋味之十七种：小蝎子》）

（9）屋里倒也还干净整齐，像个财主的样子。但见窗户外头，屋门口_儿，有些个女眷扒头探脑往里瞧，大概都是李家的三亲六故。（损公《新鲜滋味第五种：裤锻眼》）

（10）……老焦说："事到如今，没有别的法子。得手把孩子给他害了就完了。"这里研究害人，暂且不提。单说春莺，自生产之后，母子皆安，伯英夫妇乐的都闭不上嘴。洗三那天，来了不少亲友，成氏也前来添盆。但见这个孩子，又胖又大，啼声洪亮，实在是个英物。（损公《新鲜滋味第十五种：搜救孤》）

与情节内人物视角不同，这类用例中"但见"的前面补不出隐含的"见"的行为者。"但见"的作用在于提示读者或者受述者关注下面即将叙述的事物，属于参与标记。因此，这类"但见"与其说是见证动词作述谓语，不如说是个篇章衔接成分。

有些例子处于临界状态，似乎理解作两种视角都讲得通。例如：

（11）夫妻二人研究已定，第二天贺氏挎着瓦罐，仲芝柱着打狗棒，一直来到如芝门前。但见门前放着一乘大轿，原来是县长王大令拜会如芝，在书房谈话。仲芝就要回去，贺氏说："这正是好机会，这个时候_儿不憨蠢他，甚么时候_儿憨蠢他？"当时来到门前，大嚷老爷太太。（损公《新鲜滋味第二十二种：回头岸》）

（12）这些个事暂且不提，单说董家的喜事。金氏下地一参拜婆母，倒把程氏吓了一跳。但见这位新人，秃而且麻，并且是个豁唇子，擦着一脸的怪粉，亚赛滚钉板上侯华嘴的女人，又像荷球配上的鹌鹑。程氏胆子又小，吓的直往后倒退，亲友一瞧，也都直吐舌头。大家交头接耳议论纷纷，都说这位新郎，长的太体面啦，这位新妇，长的太不够本啦！（损公《新鲜滋味之二十三种：方圆头》）

（13）彼时六出纷飞（雪花是瓣，叫作六出），雪花如掌（好大雪），父子爷_儿俩，踏着雪奔往肉市。

将走到鲜鱼口_儿，但见一个十三四岁的孩子，鹑衣百结，冻的直打哆嗦，抱着肩蹲在雪地里直哭。子良细瞧这孩子，虽然是个乞儿，双眉

带秀，二目有神，相貌很不俗气。（损公《新鲜滋味第十四种：张文斌》）

临界状态的用法说明，当时"但见"作为元话语成分还处于功能扩展的演变进程中。叙述者视角与情节内人物视角的重叠是"但见"虚化为元话语成分的临界语境。全知视角用法的浮现，使"但见"的功能更接近于篇章衔接成分。我们认为，这也正是"但见"排斥小句主语的原因所在。这种用法延续到了现代汉语中，只不过词汇形式从"但见"变成了"只见"。与"但见"相比，"只见"更加虚化，完全排斥施事主语，不能解读为情节内人物视角，篇章衔接成分的功能更为稳定。

3　叙述者视角与元话语功能

伴随着"但见"的述谓功能弱化，其篇章功能和元话语功能逐渐浮现。从叙事功能角度看，"但见"与"单说"有两个重要差别。

第一，"但见"是参与标记，提示受述者关注新引入篇章的事物。"单说"是框架标记，用作话题管理，组织篇章结构。

第二，随着全知视角用法的浮现，"但见"才从情节内叙述视角变为情节外叙述视角。而"单说"始终是叙述者视角、情节之外的视角表达。

"单说"用作组织篇章结构，作为框架标记，其使用频率远远高于"但见"。

表 8 – 1　"但见"和"单说"的使用频次

篇名	但见	单说	篇名	但见	单说
理学周	1	3	回头岸	1	5
姑作婆	0	2	小蝎子	3	14
麻花刘	2	6	曹二更	2	10
裤缎眼	1	9	董心新	3	7
刘军门	0	5	五人义	4	17
张文斌	1	8	贞魂义	0	3
搜救孤	1	10	酒之害	3	8
王通世	1	7	方圆头	3	9

在"单说、但见"的元话语功能浮现过程中,汉语零形主语的句法扮演了重要角色。零形主语使主句的言说动词和见证动词"非人称视角化"(impersonal perspectivization),促使言说动词和见证动词失去主句谓语的地位,它们"结构上"的宾语补足语小句有可能后向延展,并被解读为前台信息。

从表达方式看,这类用法有别于英语之处在于,它显示言者话语组织意图,但人称代词却可以隐而不现。英语叙事者更关注时间线索,情节转换手段是借助时间词语(Chafe,1980:4)。汉语里借助言说词汇而言者隐身形式(而不是像 Let's talk about……类祈使句)完成情节开启和话题转换,或许与小说的"说书"传统密切相关。

4　小结

言说类、感官类和认识类动词虚化具有跨语言共性(Heine、Kuteva,2002:261-269)。表现为,低控制度的主句动词(关于"控制度"参看 Givón,1980)句法上从主句动词的述谓语角色变为体现言者态度或体现互动意图的话语成分,如英语的 *I think*、*you know*(参看 Thompson、Mulac,1991;Thompson,2002),汉语的"我觉得"(参看方梅,2005b、2018)、"不知道"(陶红印,2003)、"说"(Wang et al,2003)。

汉语中大量弱化小句来源的超句连词是无主语的,甚至可以理解为动词本身的虚化。这类篇章连接成分功能不同,浮现的路径也不同:

1)始终保持言者视角的表达功能,如含有"说"或言说义语素的词;

2)从事件参与者视角(如施事视角)表达发展为超叙述者视角(全知视角)表达,如含有"见"或见证义语素的词。

超句连词这类篇章连接成分,其浮现语境是现场讲述,或者模拟现场讲述,多为言者叙述视角。由于有说书的现场性语境,叙述者无需将自己作为参与者角色进行句法编码。弱化小句成为篇章连接成分,其浮现条件是互动性语境。主语在句法表达上不重要,这个特点其实是"我手写我口"和"话怎么说就怎么写"的必然结果。

第九章
从引述表达到模棱语

0 引言

已有很多学者注意到，在现代口语里，"X是"是一种能产性很强的生成复合词的手段（参看董秀芳，2004a；朴惠京，2011；张谊生，2003）。而言说动词"说"有一种高频组合——"说是"，"说是"可以用作引语标记（参看陈颖、陈一，2010；乐耀，2011a、2011b），引入直接引语和间接引语。我们的问题是，"说是"用作引语标记，它与"说"有何差异。

我们发现，"说是"的主要功能在于元话语（metadiscourse）表达。所谓元话语通常被定义为关于话语的话语。按照 Hyland（2005）的概括，元话语成分有两大类：1）反映语篇内部关系的（interactive），包括衔接语、结构标记、内指标记、传信标记、编码标记等；2）人际交互性的（interactional），包括模棱语、态度标记、自我提及、参与标记等（参看Hyland，2005：49）。

用作引语标记的"说"仅具有传信功能，而"说是"的功能则有以下三方面：

1）传信标记（evidential marker）；

2）模棱语（hedge）；

3）态度标记（attitude marker）。

我们对"说是"在自然口语中的用法考察基于以下几类材料：1）自然口语对话转写材料（文中标"调查语料""访谈语料"）；2）北京电视台专

题片的转写材料（《这里是北京》）；3）同期录音电视剧转写材料（如《我爱我家》）；4）北京作家小说。

1　传信标记

无论用"说"还是用"说是"，都表明言者获取信息的途径是间接的，并非亲历见证。不同点在于，从体现事件参与者信息的角度看，用作引语标记的"说"一般会交代什么人"说"，信息来源是明确的[①]。而用"说是"以不交代信息来源为常，只显示信息的传信特征——转述性信息。例如：

> （1）和平：哎，得了，说说吧，那卡迪拉克打算一月给你多少钱呢？
>
> 志国：说是除奖金之外每月两千五。（电视剧《我爱我家》）
>
> （2）缇香的房子一直卖得火热火热的，不过却一直没有商铺的动静。今天出于好奇，特意打电话去问了一下。没想到，说是这周商铺就要开盘了。（调查语料）
>
> （3）傅老：吃完饭不在家好好待着，到外面串什么门儿嘛。
>
> 圆圆：说是于奶奶家有喜事。（电视剧《我爱我家》）

例（1）中，"除奖金之外每月两千五"是"卡迪拉克"说的，这个信息来源是通过言谈语境提供的；例（2）的"这周商铺就要开盘了"和例（3）的"于奶奶家有喜事"究竟是什么人说的，只能根据语境提供的信息通过关联性知识推测。

当结构上呈现为"说是NP"组合的时候，既可以分析为"说是＋小句"，也可以分析为"说＋是＋名词"，"是"仍然是表判断的系动词。例如：

> （4）小孩嗓子发炎，做了血常规，说是病毒性感冒引起的发烧。（调查语料）
>
> （5）就小五儿那孩子，还上了一个什么二十一中，说是不好的学校，三流的，还交了两万多呢。（调查语料）
>
> （6）老二是那个学校的校队儿。反正踢得还可以，说是踢的后卫。（调查语料）

不过，两种不同的解读有语音差异，"说是＋小句"中的"是"轻读；而"说＋是＋名词"结构的"是"不能轻读。共时系统中这种临界现象也说明，"说是"的新用法还处于发展进程中。

根据 Heine 和 Kuteva（2002）《语法化的世界词库》一书所概括的世界语言中"说"的演变情况，"说"由引语标记变为传信（evidential）范畴具有跨语言共性（Heine、Kuteva，2002：265）。北京话里的"说"自身没有发展出传信范畴（参看方梅，2006）[②]，但以其复合词形式"说是"实现[③]。这类用法可以看作向模棱语用法过渡的一个阶段。

2 模棱语

所谓模棱语[④]是指那些不确定概念或限制条件的表达形式。模棱语有变动型和缓和型两个基本类别。

变动型模棱语包括：1）程度变动语，如：*sort of*（有几分）、*more or less*（多多少少）等；2）范围变动语，如：*roughly*（粗略地）、*approximately*（大体上）。在交际中，为避免负面表达所造成的面子威胁，说话人经常会借助模棱语减轻语力，形成一种迂回的表达。例如：把"不情愿"说成"不太情愿、不怎么情愿"，把"不可口、难吃"说成"不太可口"，把"不聪明、笨"说成"不怎么聪明"等等。这些都属于程度变动语。

缓和型模棱语包括：1）直接缓和语，表达说话人的不确定或者犹豫的态度，如：*I think*（我觉得）、*I am afraid*（恐怕）、*hard to say*（很难说）等；2）间接缓和语，不直接表达说话人的不确定或者犹豫，而是引用第三者的看法，间接表达言者对某事的态度，例如：*someone says that*（有人说）、*according to one's estimates*（据某人估计）等。

"说是"作为传信标记，用于转述，意思上相当于"据说"。与"据说"[⑤]相同，"说是"也不与主语（特别是施事主语）共现。但与"据说"不同的是，"说是"体现言者对其转述信息真实性或正确性的保留。这种言者态度可以从说话人下面的言谈中发现线索。例如：

（7）紫禁城玄武门内的这口珍妃井，在葬送了珍妃性命的同时，也葬送了不少人的名声。……**有书记载**，当年是珍妃在慈禧西逃的紧要关头，不识大体，以死相逼，自己跳井而死。崔玉贵上前没能拉住。也正是这一举动，使他成为了这一事件的最大嫌疑人。<u>但又有崔玉贵口述记载</u>，说是他手下的一个小太监，奉慈禧之命，把珍妃扔进了井里。结果慈禧为了逃脱干系，怪罪崔玉贵管理不力，纵容手下害死珍妃。<u>不管真相如何</u>，反正崔玉贵最后是背上了这个黑锅。（《这里是北京》）

（8）碧云寺里菩萨殿，最值得琢磨的，不是菩萨，而是他们的宠物，人家管那叫坐骑。老百姓有句话说，什么人玩什么鸟儿。咱就来看看这几位菩萨，都养了什么样的宠物。地藏菩萨的宠物，叫"谛听"。《西游记》，想必大家都看过。其中有一集，叫真假美猴王，说是有人冒充孙悟空，结果，谁都辨不出真假来，最后闹到阎王殿，阎王爷请出一位神仙，就叫谛听，说是能听出万物谛来。<u>其实，真正的谛听，并不在地府里</u>，而是在地藏菩萨的屁股底下，更不是什么神仙，只是一只瑞兽。但它耳朵好，能倾听万物却是真的。（《这里是北京》）

言者对其转述内容不确信可以从语境中得到证实。例（7）"说是"引出"口述"的内容，属于间接引语，而其后紧跟着"不管真相如何，反正……"，说明言者并不认为此说可信。而例（8），"说是"引出转述内容之后，紧跟着用"其实，真正的谛听，并不在地府里，……"直接表明言者对转述内容的否定。

言者对所述内容的这种保留态度有时候是直接在后续话语中表达的。如下面的例子，后续句直接说"我不太同意"：

（9）[那个] 我觉得刚才有一个球迷说，<u>说是那个</u>，沈祥福给队员的那个压力太大了，<u>我不太同意这种说法</u>。（调查语料）

正因为如此，"说是"常见于叙述民间故事、民间传说等自述性语体。例如：

（10）以前说起这窝头来啊，以前还有这么个，呃，也不知道是真事儿啊还是笑话儿是怎么着。就是这个，讽刺慈禧太后的事儿。这慈禧太后啊，这个，清朝末年的时候儿，这人民的生活也是越来越苦了是不是？就有很多倡兴革新的大臣呢，在朝廷里说，<u>说是</u>₁这个，这老百姓啊生活真是苦极了，这个，一天到晚就吃这个棒子面儿窝头，这个没什么别的东西可以吃。这慈禧太后就说，"呵，吃棒子面儿窝头，棒子面儿窝头是什么东西啊？给我吃一吃，我看看这老百姓生活到底是怎么样。"就下令啊，说是₂得吃一顿啊棒子面儿窝头。就跟这御厨说啊，做、做窝头。这御厨一想啊，呦，这老佛爷要吃这个窝头啊，这可得小心点儿，不能乱做。就啊把棒子面儿磨得很细很细，做出来，丁不点儿大的小窝头，很小的小窝头。里边还放上蜂蜜啊，这个糖啊什么等等的，做得精制的，给她端了一盘儿来了。端了一盘来呢，这慈禧太后来了，说是₃我这得跟老百姓共甘苦是吧，吃窝头。（调查语料）

由于"说是"作为转述标记具有上述表达功能，我们认为其功能属性是模棱语。说话人用"说是"这种特别的词汇形式显示其转述特征，体现言者对转述内容的不确信，属于上面所说的缓和型模棱语——间接缓和语。

"说是"除了缓和型模棱语用法外，还可以用作变动型模棱语——程度变动语。说话人在发表评价时，也会以转述的编码方式，实施评价行为，表达负面评价。看下面的例子：

（11）有些人虽说不是说差之千里吧，也有点儿说是不太相符，是吧，从这思想上也有差距。所以我的主要目标儿也就是找一个思想水平接近，文化程度相当，比较有共同语言的，就是。另外就是比较善良的，心地比较老成的。（调查语料）

（12）对，反正我是挺反感女孩子抽烟。我要是看一看女的买烟吧，我从心眼儿里，不能说是讨厌吧，反正特别扭。（调查语料）

（13）我参加过，参加过我们同学的婚礼。我觉着像那个婚礼方面吧，关键是根据本人的条件什么的哈。如果条件允许的话呢，就大办。条件不允许呢，最好还是旅行一次。嗯，又开了眼界呢，完了还可以那什么，嗯，办了终身大事儿。我觉得没什么必要。那只是好像说是图虚荣似的。为什么呀？本身呢，你玩儿一趟就属于是蜜月旅行了。（调查语料）

上面三例，"说是"后面直接是评价意义的词汇，如"不太相符""讨厌""图虚荣"。这里我们看到，说话人说出一个负面评价的时候，采用的是迂回的策略，借助"说是"这种典型的转述编码方式。

下面这个例子属于临界状态的。"说是"不用于引述，语境里没有确切信息来源。用"说是"带有言者的保留态度。例如：

> （14）A：说说这个，说说这个。说一两个中国特别的菜吧。啊，
> 　　　有一些个特别的，好像西方人不大容易，听见过，或者
> 　　　是吃到过的菜。
>
> 　　B：可能这种菜，中国人也不大容易吃到，只是一种奇闻，
> 　　　奇闻。
>
> 　　A：是，有很多，就是传说了。听人家说，广东人啊，特别
> 　　　的这个，是吧，<u>没有文化，还是怎么着</u>。说是吃猴子脑
> 　　　子，猴脑。那个，你听说过这种事吗？
>
> 　　B：听说过。而且好像，那个，故事讲得还挺邪门儿的。（调
> 　　　查语料）

这个例子里，说话人先用"听人家说"直接显示信息来源，然后，在说出"没有文化"之前有迟疑，用了一个填充语（filler）⑥"是吧"，短暂的停顿，紧跟着一个模棱语"还是怎么着"，然后说"说是吃猴子脑子，猴脑"。"吃猴子脑子"不是引述语，只是传说中广东人的饮食偏好。如果其中的"说是"换成"说"，则只具有转述功能，不传递言者的负面态度。

我们知道，同样的命题意义，以不同方式表达，其行事语力（illocutionary force）⑦是不同的。行事语力指言者通过说出的一个话段实施的行为。比如，"开门！""您能开一下门吗？"这两种表达方式属于不同的行事行为（一为命令，一为请求），两者的行事语力也不一样。相对而言，同样是希望对方为自己做某事，以疑问句表达比直接采用祈使句更为客气。上面例子中选用"说是"的道理也是在于此。即，言者的负面评价不直接表达，而是通过转述这种编码形式，弱化语句的行事语力。

3　态度标记

态度标记是体现作者或言者对所述内容的态度的表现形式。有别于上述两类用法，"说是"的态度标记用法引导的命题内容，不限于转述性内容，

也不一定是负面意义的词汇，传递的意思是"被说成 X，其实未必是"。

换句话说，"说是"以转述的形式编码，实施的是评价行为。在这个演变过程中，伴随"说是"评价功能的浮现，其内部关系解读也发生重新分析，变为一种修饰性关系，"说"可以重读。例如：

(15) 小桂：胡爷爷，胡奶奶是不是上大连走亲戚去啦？
　　　老胡：是啊，去就去吧，还非把小于也带去。说是路上照顾
　　　　　　她，摆什么谱啊，把我一人ᵣ撂家里谁照顾我啊。
　　　　　　(《我爱我家》)
(16) 甲：我也奇怪，好像，吃辣的容易让人发热。我倒是觉得好
　　　　　像应该是北方人爱吃辣的似的，好像不是南方人。那么
　　　　　热的地方，还吃那么多辣椒。
　　　乙：啊，可是有人说是，说是以毒攻毒。是不是，天气热的
　　　　　时候，把辣椒一吃下去，就凉快了。说是好像是你身体
　　　　　体温增高，与外界体温相和了，你就不感觉那么热了。
　　　甲：哦，还有这么一说ᵣ？(调查语料)

上面的例子中，"说是"后面的小句既不是直接引语，也不是间接引语，只是一种通行的说法或者成规。传递了言者对其转述信息真实性或正确性的否定态度。

下面的例子属于临界状态的用法。"说是"的这类用法与前面讨论到的传信标记不同。表现在：第一，其后的成分并不是言者引述性话语；第二，用"说是"体现言者的评价。传信标记用法是言者告知受话人，自己对所转述信息内容"不持立场"，而"说是"则体现言者立场。例如：

(17) 咱们说，你城市孩子长大了，一下子让你上内蒙，说是一
下ᵣ让你上黑龙江，他也琢磨琢磨，他也不敢那么去胡来了。(调查语
料)

在这一例中，"上内蒙""上黑龙江"是虚拟事件，但是在言者看来是个消极事件，"说是"体现言者立场。

北京话里，"说"可以引导一个假设条件句(参看方梅，2006)。例如：

（18）你自己得有主意。说你父母什么的家里人都不在你身边_儿，你怎么办哪？（访谈语料）

（19）整天的犯困，开车开车能睡着了，走路走路能睡着了。除了说吃饭，随时都可能睡过去。（访谈语料）

上述引导假设条件句的这种"说"，都不能换成"说是"。

4　词汇化

从引述到评价，是由含"是"的合成词完成的。在这个变化中，"是"的判断意义对从引语标记发展到言者态度表达起到了关键性作用。这个推断可以从共时用法中看出端倪。

在现代北京话里，"说"可以用作释名从句（同位语从句）标记，如例（20）[8]。例（20）中的 a－d 用"说"引导小句，分别说明名词"谣言""预期""机会""时间"。

（20）a. 而且社会上还会传出谣言，说这几个人都跟吴士宏谈过恋爱。（访谈语料）

　　　b. 在你刚下海的时候，有没有一个预期，说我要赚到多少钱。（访谈语料）

　　　c. 好容易有个机会，说上电视演戏，结果她还不让去。（访谈语料）

　　　d. 而且现在这种现代节奏呀，根本容不得你有时间，说你回家住在家里跟妈妈说话呀，没有。（访谈语料）

"说是"有相似的用法。但是，"说"与"说是"功能也有所不同。例如：

（21）有书记载：当年李自成的主力军，是从昌平居庸关进的京。虽然居庸关号称"天险"，但李自成的部队，势如破竹，兵不血刃，就夺了关。可见当时，明朝官兵，早已人心涣散，没什么人愿意给崇祯卖命了。关于这种说法，还有佐证。说是李自成，军队破关之后，烧了明朝皇帝陵的十二座享殿，还把所有守灵的松柏都砍掉了。李自成的农民起义军，烧人家祖坟的嗜好，是出了名的，也是最犯忌讳的。尽管史书一再强调，李自成刚进京的时候，军队纪律严明。但是烧皇陵这一举动，足以让李自成失了民心了。说得这么热闹，我们却得到了另外一个李闯王进京版本。说是₂当年居庸关将领，死守关口，李自成根本就没闯过去，迫不得已绕到了延庆县的帮水峪长城一带。这才辗转，进了咱的北京城。（电视片《这里是北京》）

例（21）中，"说是₁"引导的句子说明名词"佐证"的内容；"说是₂"引导的句子说明"另外一个李闯王进京版本"的内容。

值得注意的是，用"说"与"说是"的区别有两点。

1）"说"引导一个小句，而"说是"所导入的不限于一个小句，可以是多个语句[9]。"说是"是一个具有传信功能的篇章元话语成分。

2）用"说"不涉及言者态度，而用"说是"则含有言者的"不确信"态度。这一点可以从其语境中得到佐证。

3）当"说是"用作传信标记的时候，仍保留其引述功能；而用作模棱语的时候，其功能不再是引述，而是修饰语。

总之，"说是"不仅仅具有引述功能，它已经产生了不同于"说"的功能。从表达"不确信"到模棱语用法再到表达负面评价，"说是"的功能不同，在语音上有不同表现。"说是"用作传信标记时其后续成分是引述性的，且信息来源是确定的，"说"和"是"语音保留原有字调；"说是"用作模棱语用法时，其后续成分不是引述性的，"是"语音弱化，变为轻声；"说是"作态度标记表达负面评价时，其后续成分是引述性的但不凸显其信源，"说"带有对比重音（用#表示），语音强化。将上述三种用法的"说是"分别记为"说是₁""说是₂""说是₃"，即：

表 9-1　"说是"的用法

	功能	引述性	语音表现
说是₁	传信标记	+	shuōshì
说是₂	模棱语	-	shuōshi
说是₃	态度标记	+	#shuōshi

"说是"的词汇化与现代汉语"动词 + 是"构词模式具有内在的一致性，都具有降低语力的表达功能。因此，表达言者负面态度的"说是₃"才需要特别使用对比重音。

我们认为"说是"完成了其词汇化过程，通过两个实词语素"说"和"是"复合而成。这个过程是否可以看作派生，即由"词根语素 + 派生性词缀"构成？如果考虑到现代汉语中大量浮现的"X是"，把"说是"的产生定性为派生构词也未尝不可。这种认识的前提是，现代汉语中，"是"已经成为派生性词缀。

"是"作为现代一种高频构词成分已经得到学界的普遍关注。董秀芳（2003）提出，现代汉语中"是"已经成为一种具有能产性的构词成分，可以放在一些副词、连词之后成。例如"尤其是、仅仅是、特别是""如果是、不管是、或者是"等。董秀芳（2004a）认为，"是"与双音节成分"X"构成的"X是"尚未完全凝固，而单音节成分与"是"的组合已经完全成为一个词了，如"硬是、光是、老是""越是、若是、要是"等。"是"进一步语法化，从独立的词虚化为词内成分[10]。

张谊生（2003）讨论了"副词 + 是"的演变，认为"副词 + 是"从动词性偏正短语逐步发展到偏正式副词，进而变为连词或语气词。近年来的研究表明，"副词 + 是"确实存在这样一种主观性强化的演变倾向，而且这种倾向不限于"副词 + 是"构成的复合词，连词加"是"具有相似的演变机制，表达功能上有一定的共性。

如果把"说是"定义为派生构词，还有一个需要说明的问题，"是"作为词缀，与"副词 + 是"等其他的"X是"中的"是"，其功能和意义究竟是否一致。从实际材料看，显然有所不同。副词和连词加"是"之后，其词性仍旧是副词或者连词。而动词后加上"是"构成新词远不及"副词 + 是"和"连词 + 是"那么普遍。除了"说是"之外，主要还有"情态助动词 + 是"（参看朴惠京，2011；方梅，2013a），以及表示推测的"想是"[11]。而且，加了"是"以后，词性由动词变为副词。从这个角度看，把"是"分析成词缀，还有点问题，其意义和功能缺少内部一致性。妥协的办法是，或者把不同词干（副词、连词与动词）后面的"是"看作不同的"是"，或者把各类"X是"统统看作复合构词[12]——由两个实语素组合构成一个新词，而不是派生构词。

5 "动词 + 是" 与减量表达

与不带 "是" 的形式相比, 动词加了 "是" 的复合词语力有所减弱。

首先来看 "想是"。据《现代汉语词典》(第六版, 商务印书馆, 2012),"想" 有六个义项, 其中第二个义项是 "推测、认为", 举的例子是 "我想他今天不会来"。这种用法的 "想", 其主语是 "想" 的主体, 施事主语; 而 "想是" 句是排斥施事主语的, 下面例 (22) 至例 (26) 含有 "想是" 的句子, 主语都是言者视角的, 表示言者的推测[13]。例如:

(22) 我也不吃潮烟, 我就不会吃烟, 我也没叫你装烟, <u>想是</u>你听错了。(文康《儿女英雄传》)

(23) 那女子走到跟前, 把那块石头端相了端相, 见有二尺多高, 径圆也不过一尺来往, 约莫也有个二百四五十斤重, 原是一个碾粮食的碌碡。上面靠边却有个凿通了的关眼ᵥ, <u>想是</u>为拴拴牲口, 再不插根杆ᵥ, 晾晾衣裳用的。(文康《儿女英雄传》)

(24) 公子便问那老和尚道:"这里到二十八棵红柳树还有多远?" 那老和尚说:"你们上二十八棵红柳树, 怎的走起这条路来? 你们<u>想是</u>从大路来的呀? 你们上二十八棵红柳树, 自然该从岔道口往南去才是呢。"(文康《儿女英雄传》)

(25) ……太太既是问下来, <u>想是</u>有意给天赐松绑。设若太太问娃娃该在几个月推出斩首, 老刘妈必能知道是应登时绑到法场。(老舍《牛天赐传》)

(26) 这正是二十五号打的最激烈的时候, 敌人的坦克<u>想是</u>来向二十五号开炮! (老舍《无名高地有了名》)

陈述句里的 "想是" 可以换成 "想必", 如例 (22)、例 (23)、例 (25)、例 (26); 在疑问句中的 "想是" 则不可以换成 "想必", 如例 (24)。相对于 "想必","想是" 是一个表达弱推断的词。故而两个词在疑问句中不能换着说。从功能上看,"想是" 也不能像情态助动词那样做 "V 不 V" 的变换, 不能说 "想是不想是"。因此,"想是" 大体可以看作情态副词[14]。

再看 "情态助动词 + 是"。"情态助动词 + 是" 功能更接近饰句副词[15]。

在自然口语中，韵律上可以独立、前后有停顿。其位置可以在句首，还可以作为插入语用在句中，或者在句末。例如⑯：

（27）其实，你说，他当着我的时候当然抽的烟不多。只是，<u>可能是</u>，实在控制不住了［@］获奖的时候［@］。因为当时我想了，我想，按照中国的观点啊，那个＝<u>可能是</u>＝就没什么大希望。（调查语料）

（28）A：还有窝头没有？

　　　B：有窝头，对。那窝头就是，黄金塔，啊。

　　　A：哎呀，黄金塔！是吧，这个，玉棒子面儿，做成一个圆锥形，……

　　　B：是。

　　　A：底下，拿大拇指往里穿一个洞，<u>可能是</u>蒸着让它方便一点儿<u>可能是</u>。汽从里面透过去，熟得快。（调查语料）

从命题意义表达看，上面的例子删除"可能是"并不受影响。例（27）有两处用了"可能是"，前一处"可能是"是用在"只是"之后，是作为自我修复（self-repair）⑰使用的，前后有停顿。说话人想表达一个推断"实在控制不住了……"。有了这个"可能是"，弱化了言者推断的肯定程度。后面第二个"可能是"的前后都有语音上的延宕，使之与前后话语之间有语音上的间隔。在对话中，语音上的延宕总是与言者的不确定态度高度相关的。例（28）中，"蒸着让它方便一点儿"是说话人对窝头做法和形状的理解和解释。"可能是"的使用，同样弱化了言者推断的确信度。

下面我们来看看"应该是"的用法。"应该"本来可以表达推断，例如："他应该到学校了"。"应该是"表言者的弱推断，往往与估量副词同现。例如：

（29）广化寺，大约建于元朝。明清时期，广化寺殿堂廊屋，规模宏大，为北京最有影响的佛刹。现在关于广化寺建寺的因缘，有两种说法。第一种说法是，以前这个地方啊住着一个僧人。他每天都是念诵佛号，而且每念一声佛号呢，都拿着一粒米来计数。当他把这个米啊，积攒到了四十八石的时候，可想而知啊，他念了多少佛号。他觉得这个因缘成熟了，可以建寺了，于是建起了广化寺。那么第二种说法呢，是以前这儿，还住着一个僧人。他呀，发愿二十年不出山门，在这闭关修行。那么过了二十年之后，这个愿望实现了。那么又过了十年，他建立起了广化寺。但是两个记载啊，年代大概都是在元朝。所以说，根据记载，广化寺修建的年代<u>应该是</u>在，大约 1342 年左右。（电视片《这里是北京》）

这一例中，说话人先说了"应该是在"，然后有停顿，通过用"大约"作自我修复。这个修复形式的使用可以作为言者交际意图——弱化其推断语力的佐证。

后置的"应该是"是追补成分（after-thought），是对命题内容确信程度的弱化。例如：

（30）这个碑是满汉碑，满汉双文的碑，下面是个王八驮碑，但是现在可能，可能看不了啦。它那个，这个碑是圈在这个院子里边。围起来了哈。门在这边还是那边？从这进去能看见那碑吗？就那块碑，你知道吗，看不见是吧？只能从那边过去才能看见，是吧？哎，你看，这有一块碑。这_儿以前是两块，<u>应该是</u>。现在这是其中一块。但是这个方向不对，这个后来可能被人换过方向了。（电视片《这里是北京》）

这一例中，说话人先说了"这_儿以前是两块"，然后用"应该是"来弱化已经说出的判断。在后续两句里，进一步解释这个判断。

综上所述，从表达角度看，此处"情态助动词 + 是"表达言者的弱推断和较低的确信度，是一种减量表达形式。

6　小结

"说是""想是"和"情态助动词 + 是"这类由动词加"是"构成的复合词是评价表达的重要手段，几种形式的评价表达功能不尽相同，大体可以概括为：

表 9 - 2　"X 是"的表达功能

弱推断	不确知	不相信	负面评价	模棱语
想是				
可能是	说是	说是	说是	说是
应该是	应该是			

相对而言，含"是"的复合词使表达言者态度的人际功能得以凸显[18]，这或许是含有"是"的新型复合词浮现的动因。

附　注

① 自带停顿的"说"可以用来引述一个故事，只有这种用法可以不交代信息来源。如"说，一个国王做了个梦，梦见自己的牙齿一颗颗地掉光了。国王醒来后，找来一个释梦者……"（例子引自乐耀，2011a）。这类用法的"说"述谓性句法特征已经发生去范畴化，比如，不能被否定，不能重叠等。

② Wang 等（2003）发现，在台湾"国语"口语中，"说"既可以是非人称引语标记，也可以是泛化的言据标记，意思是"有人说"，"说"的功能在于传递言者态度。玄玥（2011）发现，东北话里"说"可以用在句首，这种用法有可能是"话说"等"X 说"的缩减形式。

③ 有一批含"说"的插入语具有示证表达功能，如：听说、据说、俗话说、常言说、按理说、按说、照（理）说等。

④ 此处，模棱语下位范畴的术语翻译参照了何自然（1988）。但何著 hedge 翻译作"模糊限制语"。

⑤ 关于"据说"的用法，可参看乐耀（2011a）。

⑥ 填充语（filler）是会话分析的术语，指标志话语中停顿或迟疑的表达形式，英语里常见的填充语如 um、uh、er、ah、like、okay、right、you know 等（Amiridze，2010）。填充语虽然没有词汇意义或者极少词汇意义，但是，在语句的延展进程中却具有重要意义。

⑦ "行事语力"（illocutionary force）指言者通过说出的一个话段所实施的行为，如承诺、命令、请求、宣布等（参看 Austin，1962），也有文献简称"语力"。

⑧ 关于"说"的从句标记用法，可参看方梅（2006）。

⑨ 如"说，一个国王做了个梦，梦见自己的牙齿一颗颗地掉光了。国王醒来后，找来一个释梦者……"。这种用法，我们不认为是由"说"引导多个小句。这种情形与新闻报道中开篇的"据悉"一样，都属于篇章元话语（metadiscourse）用法。这种"说"有时有修饰语，但都补不出主语，如："都说，……"（见第六章例（17））。

⑩ 董秀芳（2004）认为，把"是"分析为词缀有一定困难，所以暂称为"词内成分"。

⑪ "想是"表示言者的推测，与"想必"相比，语气没有那么肯定。详见⑬。

⑫ 关于复合构词与派生构词的定义和界定，参看 Briton 和 Traugott（2005：34 - 37）。

⑬ 据王灿龙（2009）考察，近代以来，自"想"发展出"估计、推测"意义之后，其主语（言者）经常是隐而不现的；西晋以降活跃于各个朝代，直到清朝末年。

"想是"较早的用例可见于《朱子语类》，如"伊川之语，想是被门人记错了，不可知"（卷三十六）。"想是"具有强化主观判断的解读，因而是"主观性标记词"。但是，在当代作家的作品中，"想是"的使用频率呈下降趋势，表现为绝对数量减少，作家的分布面缩小。导致这个现象的原因或许是"想是"作为"词"的非典型性，其构成形式有可能被分析为句法组合。因而"是"的轻声倾向也不像"可是"的"是"那么显著。同时，功能相近的还有"想来、想必"。在这样的背景下，"想是"濒临消亡。王文的历时考察结果很有启发，但就目前语料库收集的文本看，代表北京话的材料所占比例不高，统计结果多少还是受到语料来源的影响。从母语者的语感看，"想是"仍然是一个常用的口语词汇。

⑭据初步考察，"想是"在老派北京话里比较常见，在当代北京话中使用不多。详细情况有待进一步的调查。

⑮"副词范畴可以分为基本的两类：第一类副词用作整个句子的加语，第二类副词直接属于谓语。"（龙果夫，1958：189）这种分类也是一般描写语法的分类。从功能范畴来定义，前者语义的作用域大于小句，称为饰句副词（S-adverb）；后者语义的作用域在小句内，称为饰谓副词（VP-adverb）。另请参看方梅（2013a）。

⑯例子中，一段话前后用"［@］"，表示这部分言谈同时伴有笑声；"＝"前面的音节伴有语音延宕。

⑰修正（repair），会话分析中用来指会话的参与者试图改正会话中一个实在的或想象中的差错（如误听或误解）。……修正还可分为自我修正（self-repair），即说话人自我修正，以及他人修正（other-repair），即听者加以修正（克里斯特尔，2011：307）。

⑱关于北京话中其他"X是"副词的评价表达功能，可参看方梅（2017a）。

第十章
句际关联模式与句法整合

0　引言

印欧语有形态变化，句法上有限定小句与非限定小句、主谓一致，复句有关联词语等形式标记，汉语没有。因此"意合"一直被看作汉语的特点（相关综述可参看方梅、朱庆祥，2015）。与印欧语比较，汉语的句法整合性相对比较低，表现在以下几点。

1）印欧语小句通过动词形式可以明显区分限定句与非限定句，汉语不行。

2）印欧语小句主谓关系有一致性等形态标记，汉语小句没有主谓一致标记。

3）印欧语的复合句小句之间关联词语明显，逗号和句号的界限明显；而汉语复句内小句之间的衔接没有关联词语，哪里用逗号哪里用句号仅仅是倾向。

综合起来看，就是印欧语句法形态凸显，而汉语句法形态不凸显。

那么，汉语小句之间的句法关系究竟有没有句法整合？如果有，是靠什么样的范畴形式整合的？传统分析主要看关联词语。我们的讨论试图说明，关联词语只是其中一个方面，还有其他范畴形式可供参照。

1　语言类型学上的两类依附性小句

1.1　小句关系

跨语言研究一般把复杂句内部小句之间的关系根据"依附"（dependency）

与"内嵌"（embeddedness）两个参数分出"等立"（coordination）、"主次"（cosubordination）、"从属"（subordination）三个句法等级（Foley、Van Valin，1984；方梅，2008）：

等立	主次	从属
－依附	＋依附	＋依附
－内嵌	－内嵌	＋内嵌

其中，主次关系和从属关系都涉及依附关系。独立小句（independent clause）是指句法上自足的小句，可以独立进入语篇单说，在形态发达的语言中动词上的表现就是具备限定动词（finite）所需的完备的屈折（fully inflected）小句形式。而依附小句（dependent clause）是指句法上不能自足的小句，不能独立单说，如主语是零形式或者动词是非限定（non-finite）的，依附小句所传递的各种时体、语气、情态范畴信息要依赖于独立小句（Payne，1997：306；方梅，2008）。例如：

　　（1）（a）He came in,（b）locking the door behind him.（Payne, 1997：306）

就例（1）这个复杂句而言，其中小句 b 是依附小句，主语是零形式，动词是非限定性的；而小句 a 是独立小句，动词是限定式。小句 b 的主语、时（tense）等的理解必须依赖小句 a。

依附小句主要有两种类型，即"在限定小句上增加偏正性关联词语"（如下面例子里的 when）和"压缩为非限定句"（如下面例子里的 reaching the monument）（Halliday，2000：241）[①]。即：

依附性限定小句：When you reach the monument,……

依附性非限定小句：（On）reaching the monument,……

形态发达的语言，谓语动词的限定式和非限定式对立明显，而孤立语中动词是否有限定与非限定之分就有争议了。Cristofaro（2005：53 – 55）基于80 种语言的调查指出，孤立语，如现代汉语和藏缅语系的 Nung 语，不存在动词本身的限定性和非限定性的对立。因此不能局限于动词本身是否限定，只要小句的动词及其相关形式不能以独立单句形式出现，其动词就是句法上的降级动词，这种小句在句法上就是依附性小句。

限定小句（finite clause）本身是自立的（independent），要成为依附性小句就必须通过显性的关联词语来实现；非限定小句（non-finite clause）自身在句法上具有依附性（dependency），不需要显性标记，如例（1）的小句b降级动词小句可以和关联词语一起使用，如下面例（2）。

（2）He stared at me as if seeing me for the first time.

无论有无关联词语，非限定小句在句法形态上不及典型限定小句丰富，这是世界语言的普遍倾向（参看 Halliday，2000：239 - 240；Matthiessen、Thompson，1988：304）。如：

（3）Bare 语（Equatorial-Tucanoan：Columbia，from Aikhenvald，1995）

[ate   abeuka   nu-kása-ka]   nu-khawendya   beke   kuhú

[until when   1S-come-SEQ]   1S-pay   FUT   she

As soon as I come，I shall pay her.

例（3）中"ate abeuka"属于连词，相当于英语的"as soon as"。方括号里面带有连词的部分动词没有独立的时（tense）标记，它的"时"的解读依赖于后面主句的将来时标记"beke"。

由于汉语没有明显的限定动词与非限定动词的形态屈折，我们认为，如果充分反映汉语的面貌，依附小句可以表述为：1）关联词语标记型；2）非自足谓词标记型。从具体构成形式上看有三类：

Ⅰ. 关联词语 + 自足小句→依附性小句

如：因为他已经到家了，……（"他已经到家了"自身可以独立成句，加上"因为"后不能独立成句）

Ⅱ. 非自足谓词→依附性小句

如：到了家，……（"到了家"自身不能独立成句）

Ⅲ. 关联词语 + 非自足谓词→依附性小句

如：因为拉着洋人，他们可以不穿号坎（有连词"因为"，同时小句"拉着洋人"自身不能独立成句）

汉语学界也曾有学者注意到这两种手段，文炼（1992：261 - 262）指出，"听到发端句，预测后续句，这是较常见的现象"。"最明显的是带有'因为''如果''虽然'之类的句子，必有相应的后续句"，"此外还有一些值得注意的语言格式"，如"你通知一下他……""大家夸着你……""他从北京回来……"等。但是，由于汉语缺少句法屈折，句法降级不直接体现在动词形态变化方面，所以长期以来对关联词语与复句关系的研究较多，对降级动词所构成的依附性小句研究不够。20世纪80至90年代曾有学者注意到某些句法成分对完句的重要意义（如：胡明扬、劲松，1989；孔令达，1994；黄南松，1994），提出"完句成分"的概念，比如像"到了家"这种小句不能结句，但较少将"完句成分"所关联的句法行为与句际关联模式联系起来研究。

1.2　关联词语标记型

关联词语标记型是指在原本自足或者说限定的句子上增加关联词语构成依附性小句。如果去掉关联词语，这种小句可以单独成句。以连词来说，英语可以加在前句上，也可以加在后句上，但是很少在前句和后句上都用连词。这三种类型大致又可分出四种情况，如：

（4）a. Because he is ill, he is not present today.　（连词在前句上）

　　 b. He is ill, so he is not present today.　（连词在后句上）

　　 c. He is not present today, because he is ill.　（连词在后句上）

　　 d. * Because he is ill, so he is not present today.

（连词前后皆有）

上面的例子中，例（4b）（4c）的关联词语尽管都在后面的小句上，但是有区别。就逻辑语义关系看，例（4b）句的关联词语在结果小句上，而例（4c）句的关联词语在原因小句上。

汉语连词三种类型皆可，重要的是，汉语在前句和后句上都可用连词。例如：

（5）a. 因为父亲病了，他要马上回家。　（连词在前句上）

　　 b. 父亲病了，所以他要马上回家。　（连词在后句上）

　　 c. 他马上要回家，因为他父亲病了。　（连词在后句上）

　　 d. 因为父亲病了，所以他要马上回家。　（连词前后皆有）

关联词语是依附性小句的标志。原本自足的单句，一旦添上关联词语就构成复杂句中的依附性小句。即使像英语例子那样，保留时体特征，但足句需要的行事语力（illocutionary force）等会受到压制。如 Foley 和 Van Valin（1984：239－240）所举的例子：

(6) a. Because Johann kicked the vase over, it broke into pieces.

b. *Because did Johann kick the vase over, it broke into pieces.

c. Because Johann kicked the vase over, did it break into pieces?

单看 "Johann kicked the vase over." 是自足的，但是有了连词 because 以后成为（6a）就不自足了，这可以从（6b）（6c）疑问测试看出来。在（6b）中，从句是疑问句，主句是陈述句，整个句子不可接受；在（6c）中，从句是陈述性，主句是疑问句，整个句子可以接受。Foley 和 Van Valin（1984：239－240）指出，一般情况下，内嵌小句与主句之间属于部分－整体关系，内嵌小句应该保持无标记的陈述状态，它一般作为预设、背景成分出现。

1.3 非自足谓词标记型

非自足谓词标记型是指通过减少足句的句法成分，构成依附于自足句的句法手段。如 Halliday（2000：240）的例子：

(7) Having said goodbye, John went home.

(8) Alice walked on in silence, puzzling over the idea.

类型学上，通过依附小句构成复杂句较为引人注目的是小句链类型语言（clause-chaining language）。小句链语言复杂句模式可以刻画为：

小句链模式：中间小句＋中间小句＋……终结小句。

小句链型语言的复杂句由多个小句构成，多个小句要区分终结小句（final clause）和非终结小句（non-final clause）：只有终结小句才具备一个单句应该具备的所有成分，谓语具备完善的时体形态；非终结小句往往被称为中间句（medial clause），中间句要依附于终结小句，句法上不能独立成为单句（Payne，1997：321；Longacre，2007：398 - 401）。例如：

（9）Kanite 语（位于巴布亚新几内亚，属于小句链型语言，见 Longacre，2007：401）：

a. *is-u'a – ke – 'ka*,
do – we – DS – you

b. *naki　a'nemo – ka　hoya　ali – 'ka*,
so　women – you　garden　work – you

c. *naki　ali　ha'noma　hu – ne'atale – 'ka*,
so　work　finish　do – COMPL – you

d. *inuna　kae – 'ka*,
weeds　　　burn – you

e. *popo　hu – 'ka*,
hoe　　do – you

f. *inuna　kae – 'ka*,
weeds　　　burn – you

g. *naki　ha'no　hu – talete – ke – ta'a*,
so　　finish
do – COMPL – DS – you

h. *naki　viemoka – ta'a　keki'yamo'ma　ha'noma　ne – his – i – ana.*
so　　men – we　　fence　　　　finish　FUT – do – it – 1PL

'If we do this, you women work the garden, when it is finished hoe and burn the weeds, when that is finished we men will finish making the fence.'

典型的小句链语言不使用关联词语。在上面这个例子中，（9a）至（9f）各个小句中动词无"时"（tense）标记，不能独立成为单句，只有终结小句（9g）有时标记，属于完句小句。

典型的小句链型语言不多，如巴布亚新几内亚语、伊里安查亚语。类似小句链型的语言从南美洲哥伦比亚、厄瓜多尔、秘鲁到北美的美国西南地区都可以发现。具有小句链现象的，在中亚一些语言以及东亚的朝鲜语、日语中，都可以找到（Longacre，2007：399）。属于印欧语系的英语同样具有这种现象，终结小句是限定（finite）小句，前面的属于非限定小句（non-finite clause）。小句链语言的"中间小句"属于依附性小句。如：

（10）Sitting down，taking out a pencil，he began to write. （Myhill、Hibiya，1988：363）

综上，两种模式构成的依附性偏正关系属于不同性质的复句。有些语言并不使用关联词语或者很少使用关联词语，但是很难找到完全不使用依附小句构成的复杂句。因此，无关联词语的依附小句的研究是揭示一个语言句法面貌不可或缺的内容，而对汉语这样一个缺少句法形态的语言来说，显得尤为重要。

2. 无关联词语复句的内部衔接

由依附小句构成的复句关联模式在世界语言普遍存在。从篇章衔接的角度看，依附小句不能独立存在，在语篇里要求有其他小句共现，或者要求特殊语境作为独自成句的条件。因此，全面刻画无关联词语的依附小句的句法特征，才能全面了解一个语言句法的全貌。

2.1 流水句

吕叔湘（1979：27）提出"流水句"现象，"汉语口语里特多流水句，一个小句接一个小句，很多地方可断可连"。胡明扬、劲松（1989）说"这类复句不论在口语中还是在书面语中出现的频率都是相当高的"，并指出"流水句是一种在非句终句段也出现句终语调，语义联系比较松散，似断还连的无关联词语复句"。从上述分析可见汉语流水句两个特点：

1）流水句是复句，但是一般不用关联词语；

2）流水句不仅在口语中多，而且在书面语中也较多。

"流水句"是个打比方的说法，但是流水句内部的小句地位、性质并不完全相同。胡明扬、劲松（1989）敏锐地注意到，流水句内可以分为"独立句段"和"非独立句段"。在我们看来，所谓"独立句段"就是小句自身在句法上是自足的，而"非独立句段"是句法上不自足的小句。例如：

（11）a. 山朗润起来了，b. 水涨起来了，c. 太阳的脸红起来了。

（朱自清《春》，转引自邓凌云，2005）

（12）a. 说完，b. 岳拓夫忿忿地把手提包往胳肢窝里一夹，c. 带着一副殉道者的模样快步地走出了家门。（张洁《条件尚未成熟》，转引自吴竞存、梁伯枢，1992）

上述两例，构成流水句的小句性质不同，其中例（11）中的三个小句都是自足的，可以单独成句。而例（12）中的三个小句不自足，各自都不能单独成句。如：

（11'）a. 山朗润起来了。b. 水涨起来了。c. 太阳的脸红起来了。

（12'）a. *说完。

　　　 b. *岳拓夫忿忿地把手提包往胳肢窝里一夹。

　　　 c. ?带着一副殉道者的模样快步地走出了家门。

例（12'）中三个句子是不自足的，但是不自足的性质不同：考虑主语，例（12'c）是不自足的，如果不考虑主语对完句的影响，那么例（12'c）是自足的；例（12'b）本身有主语，不自足；例（12'a）没主语，但即使加上主语也不自足。

从上面分析可以看出，传统上被称为"流水句"的句子至少可以分为三类。

1）其构成小句各自在句法上是自足的。

2）其构成小句各自在句法上是不自足的。

3）其构成小句由依附小句与自足小句组配而成。

其中第一类是真正的"可断可连"，这类句子有其特殊的语体要求，下文会详细讨论。而后两类则是特别需要深入探讨的。孔令达（1994）与黄南松（1994）关于完句成分的研究曾明确指出，依附小句"虽然不能单独成句，但可以成为复句中的一个分句"，"这些表达式不能自足成句……只可以作为并列或者从属复句里的一个分句"。我们认为，汉语流水句的一个重要特征就是利用"依附小句"形态来构成依附性复杂句。

2.2　依附小句的组配模式

汉语与英语一样，依附性小句不一定是发端句，也可以是后续句，存在"后向依附小句"和"前向依附小句"两种组配模式，前者如例（13）和

（14），后者如例（15）和（16）：

　　（13）Having told a few bad jokes, Harvey introduced the speaker.
（Payne，1997：320）

　　（14）抱着厚厚的一摞书，他晃晃悠悠地走了出去。

　　（15）He ran to get help.

　　（16）他进来了，抱着厚厚的一摞书。

后向依附小句衔接力和预测力强，要求有后续句出现。但是当依附性小句在后时，它向前依附在前面的独立小句上，但其后未必要求后续小句。

陈平（1987c）将汉语的主语零形反指现象与小句之间的关联性结合起来，如：

　　（17）0ᵢ 能在天亮的时候赶到，0ᵢ 把骆驼出了手，他ᵢ 可以一进城就买上一辆车。

例（17）是零形主语反指现象。在上例中，"能在天亮的时候赶到"和"把骆驼出了手"都不宜作为独立叙述单句出现。

方梅（2008）特别强调了零形反指小句的依附性，认为：1）反指零形主语小句与后续带有显性主语的小句主语同指；2）反指零形主语小句没有时（tense）和语气（mood）成分。

不过，有些小句主语既非零形回指，也不是零形反指，在现代汉语中同样不宜作为叙述单句出现，但是增加了句末语气词、情状副词、否定性副词和处所补语，小句作为独立叙述单句的可接受性就加强了，如（18''）。

　　（18）老头儿立住，呆呆的看着那四匹牲口。（老舍《骆驼祥子》）

　　（18'）ˀ老头儿立住

　　（18''）老头儿立住了/老头儿慢慢地立住/老头儿没有立住

胡明扬、劲松（1989）明确提出"完句成分"概念，区分"独立句段"和"非独立句段"。20 世纪 90 年代，依附小句与如何完句、完句成分的研究成为备受关注的问题（参看孔令达，1994；黄南松，1994 等）。不过，那个时候学者比较关注的是谓语动词为中心的语法范畴（如时、补语、句末语气词等）对完句的影响。从篇章视角的研究（如陈平，1987c；方梅，2008）才将小句主语的隐现与小句的句法属性联系起来。我们认为，汉语无关联词语复句的句际关联模式的全貌还有待深入全面考察。更为重要的是，这种描写必须在区别不同语体的前提下展开。

3　依附小句的句法属性

3.1　依附小句的层级性

依附小句属于去句化（desententialization）现象。所谓去句化是指小句在融合（integrate）过程中，它丧失了一个独立小句应该有的属性特征，从小句逐渐被压制（reduce）为句子的一个成分。小句的去句化先压制掉外层成分，由外到内，把小句压制为一个动名词性的成分（nominality verbal noun）是压制程度最高的[②]。据 Lehmann（1988）的研究，由外到内的逐层压制和限制规律是：

言外之力丢失 > 表达言外之力的成分受限 > 语气情态丢失或者受限 > 时体成分丢失或者受限 > 补足语可以省略 > 人称范畴形态丢失 > 主语进入斜格槽位 > 极性丢失 > 动词支配变成名词支配 > 主语可以丢失 > 补足语成分受限。

这个层级性表述说明，依附小句本身也存在自足程度问题。上述范畴并非所有语言都有，高增霞（2003、2006：118）在 Lehmann（1988）的基础上，结合汉语实际情况进行了改造，她认为在连续统的一端是具有完全陈述功能的句子，在连续统的另一端，是一个名词性或副词性成分，连续统的每个节点都对应着不同的内外部特征，如图 10 - 1：

```
句法性 ──────────────────────────── 名词性
小句                                  动名词
没有言外之力
    行为效力成分受限
        情态或语气成分受限或丢失
            主语变成隐形槽
                动词支配变成名词支配
                    可受数量词语修饰
```

图 10 - 1　汉语小句去句化等级

　　压制是有顺序有层级的，也就是说，如果上述线性顺序的某个点受到压制了，那么其左边的成分必然受到压制。以主语论元受到压制和 T（时）/A（体）/M（语气）受到压制的顺序来说，其关系是"主语论元受到压制→T/A/M 受到压制"，也就是说，如果主语论元成分被压制掉了，那么T/A/M 必然受到压制；相反，T/A/M 受到压制，主语论元可能受到压制也可能未必。

　　上述层级压制规律似乎没有异议，但是 Cristofaro（2005：287－288）在调查了包括汉语在内的 80 种语言之后指出，关系从句存在大量反例，即T/A/M 在关系从句中可以表达，没有被压制掉；但是关系从句的主语照样可以被压制，使用零形式。造成这种反例的原因，Cristofaro（2005：288）认为是组合经济原则（syntagmatic economy）在起作用：关系从句与主句存在论元共享（argument-shared），位置毗邻，从组合经济原则看，没有必要都充分表达出来，可以采用零形式，这种压制和 T/A/M 的小句融合压制没有直接关系。

　　又如，从语篇的多个小句整合看，如果主语相同，小句的时体特征未必先整合，反倒是后续小句的主语优先被压制，成为所谓的"零形式"。"话题型"语言往往都是如此。下面以胡明扬、劲松（1989）所举的流水句为例：

　　（19）现而今，a. 那臭水沟埋了，b. [　　] 修上条大马路了。（《吉祥胡同甲五号》）

　　其中，a、b 两个小句的时体特征都保留，都有句末"了"；但是 b 句主语因为与 a 句主语关联，所以就压制为零形式。

　　再从时体比较看，"时"在外层，"体"在内层，如果"时"特征被压制掉了，那么"体"特征则往往被压制掉。这是一个整体倾向，但并非绝对如此。例如：

　　（20）穷苦人出身的朱德，已经确立救国救民之志，他不再为高官厚禄去打伤害平民百姓的"混"仗。（《中共十大元帅》）

　　在例（20）中，"已经"作为指示"时"的词语很明确，但是该小句缺少自足所需要的"了$_{1+2}$"，所以还是不自足。

3.2　依附小句的压制过程

去句化的过程，实际上存在两个过程，即：减少的过程和增加的过程。在减少的过程中，它不断丧失句子属性，如压制句子语气、言语行为力量、特定时空限制、特指成分等。同时，伴随的是增加过程，不断增加非句化的标记特征成分和分布功能作用。

减为偏句则可以加偏正关联词语，减为动名词性成分则可以加介词、格标记等（Lehmann，1988）。例如：

（21）去年八月，他在新雅餐厅当临时工<u>时</u>，结识了一位顾客。（转引自陈平 1987a：81）

（22）这一顿好打，直把卢云打得晕倒在地，待他醒<u>后</u>，只见四下一片黑暗，自己已倒在柴房中。（《英雄志》第五章）

尽管有增有减，但是所增减成分的性质是不同的，减掉的是属于成句的句法特征，而增加的往往是名词性成分的特征。

4　小结

综上所述，依附小句是需要依赖其他小句才能整合进入篇章的小句，在具有句法形态的语言里表现为非限定性小句形式。

一方面，汉语是孤立语，决定小句的依附与自立的条件与具有句法屈折的语言也有所不同。小句的依附与自立不仅体现为词汇手段（比如是否使用连词），体现为时、情态、语气范畴的"完句成分"，还可以通过小句主语形式（如小句零形主语反指）以及宾语的结构复杂性等方式得以体现。

另一方面，在不同语体里，依附小句显现的句法特征有所不同；不同语体里的小句，其系联方式也呈现出差异性。我们下一章将专门讨论这个问题。

附　注

①Halliday（2000：223）还提出了一种比较特殊的情况，如嵌入式"Picture, if you

can, a winkle"。这种特殊情况暂不考虑，主要考虑常规类型。

②压制最强的就是压制为"动名词性成分"，但是并不意味着压制总是往名词方向压制，如可以压制为状语修饰成分，这个方向最后绝对不可能再压制为名词性成分。相比较压制为状语修饰语而言，压制为名词性成分时，压制的程度要高，所以从这个角度总结规律的时候，压制为"动名词性成分"就成为了压制的终点。

第十一章
依附小句的语体差异

0　引言

如第十章所述，一方面，汉语是孤立语，决定小句的依附与自立的条件与具有句法屈折的语言也有所不同。另一方面，在不同语体里，依附小句显现的句法特征有所不同；不同语体里的小句，其系联方式也呈现出差异性。

这一章我们将通过不同语体材料的对比分析，说明句法特征具有语体分布差异，句法限制具有语体相对性，句法形式的语义解读具有语体依赖性。有的句法限制在不同语体中的适用性各异，有些则是绝对限制。句法特征在不同语体条件下的分布差异，反映了不同的情态类型和语气类型的信息在句法整合过程中的限制。

句法形式的意义解读对特定语体具有依赖性，尤其是言域义的浮现，直接反映了互动交际中言语行为表达的特点。

1　依附小句

如上一章所述，跨语言研究中，复杂句内部小句之间的关系可以根据小句在句法上的"内嵌"（embeddedness）与"依附"（dependency）两个参数分为三个层级（参看 Foley and Van Valin, 1984：241 – 242；方梅，2008），即："等立"（coordination）、"主次"（cosubordination）和"从属"

（subordination）。两个小句彼此之间既非内嵌，也非依附，为等立关系；其中一个小句依附于另一个小句但是并不内嵌于它所依附的小句，则两者为主次关系（如下文例（1）的小句 b）；一个小句在句法上是内嵌形式，它与所内嵌的小句为从属关系。

呈等立关系的小句，彼此之间可以不依赖另一小句而独立进入语篇。在形态发达的语言中，表现为具备限定动词（finite verb）所需的完备的屈折（fully inflected）形式。

而依附小句（dependent clause）句法上不能自立，不能独立进入篇章。在形态语言中表现为，主语是零形式或者动词是非限定性的（non-finite），其主语以及形态所传递的时体、语气情态信息要依赖于自立小句（independent clause；参看 Payne，1997：306）。在第十章我们曾举过下面的例子：

（1）（a）He came in，（b）locking the door behind him.（Payne，1997：306）

就例（1）而言，小句 a 动词是限定式，它可以不依赖小句 b 而独立进入篇章，如"He came in"。而小句 b 主语是零形式，动词是非限定性的，主语、时（tense）等的理解必须依赖于小句 a。

对于具有句法形态的语言来说，限定性小句在句法上是自立的，可通过非限定（non-finite）动词实现句法上的降级，变为依附小句。句法降级也可以同时借助其他从属标记（如连词、介词）。无论是内嵌小句还是非内嵌的依附小句，都有相应的有别于自立小句的句法形态。不过，即使是有"限定"（finite）与"非限定"（non-finite）范畴对立的语言，不同句法分布下的限定性依然存在程度差异，从限定性到非限定性也是一个连续统（Payne，1997：306）。

而跨语言的考察发现，作为句法范畴的限定与非限定对立并不是一个普遍性特征。在孤立语中，动词是否有限定与非限定之分就有争议了（参看 Huang，1989；Li，1990；Tang，2000；Hu、Pan、Xu，2001）。Cristofaro（2005：53 - 55）基于对 80 种语言的调查指出，孤立语，如现代汉语和藏缅语系的 Nung 语，不存在动词本身的限定性与非限定性的对立。只要小句的动词及其相关形式不能以独立单句形式出现，其动词就是句法上的降级动词（deranked verb）。从语言共性的角度说，恐怕只有小句的"自立"与"依附"是具有普遍意义的对立。

依附小句就英语来说主要有两种类型，即"在限定小句上增加偏正性关联词语"和"非限定性小句"[①]。

依附性非限定小句可以前置，如例（2）；也可以后置，如例（3）。如Halliday（2000：240）的例子：

(2) Having said goodbye, John went home.　　（依附性小句在前）

(3) Alice walked on in silence, puzzling over the idea.

（依附性小句在后）

非限定形式也可以与关联词语一起使用，如下面例（4）中的"as if seeing me for the first time"。

(4) He stared at me as if seeing me for the first time.

无论有无关联词语作为从属标记，降级动词小句在句法形态上都不及典型动词丰富，这是世界语言的普遍倾向（参看 Halliday，2000：239 - 240；Matthiessen、Thompson，1988：304）。

对于像汉语这样缺少句法形态的语言来说，说明在主要谓语动词之外的句法位置上具有哪些句法限制（例如语气、时、情态的限制）以及表现形式，说明构成小句之间等立、主次和从属关系的句法手段，"等立—主次—从属"的三分格局的刻画则显得尤为重要。这里对依附小句的讨论正是出于这样的考虑。

汉语研究长期重视对关联词语[②]的分析。文炼（1992：261 - 262）指出，"听到发端句，预测后续句，这是较常见的现象"，"最明显的是带有'因为''如果''虽然'之类的句子，必有相应的后续句"，"此外还有一些值得注意的语言格式，……如'你通知一下他''大家夸着你'等"。语气词对"完句"的贡献则更早为人关注。马建忠（1898/1983：23）指出助字的完句作用，吕叔湘《中国文法要略》（1944/1982：69 - 80）更为明确提出古汉语的完句问题，认为"为之则难者亦易矣""晋国，天下莫强焉"中"矣、焉"等句末语气词具有"完形作用"，是"完成句意的必要成分"。

也有一些学者关注到连词、语气词之外其他语法形式对小句独立性的影响（参看贺阳，1994；孔令达，1994；黄南松，1994；史有为，1997 等）。胡明扬、劲松（1989）明确提出"独立句段""非独立句段"和"完句成分"概念③，指出"独立"和"非独立"是指在没有特定的上下文和语境的支撑下能否独立成句，是针对陈述句而言。如④：

我们是中国人	* 天气热
天气很热	* 屋子里黑乎乎
他脾气很大	* 客人走
屋子里黑乎乎什么都看不清楚	* 她休息
客人走了	* 我们吃过晚饭
我们吃过晚饭了	* 我们晚饭吃过

在没有特定上下文语境的限制下，左边加上句终语调可以单说，称为"独立语段"，而右边的不行，称为"非独立语段"。而能否独立成句，实际也存在语体差异。

上述这些研究提出"完句成分"的概念，并且列举了各类具有"完句"作用的语法手段。但是，这些研究较少将"完句成分"所代表的句法范畴特征与句际关联模式联系起来。孔令达（1994）与黄南松（1994）曾指出非自足句"虽然不能单独成句，但可以成为复句中的一个分句"，"这些表达式不能自足成句……只可以作为并列或者从属复句里的一个分句"。但是描述仍显宽泛。

依附小句（dependent clause）不能独立进入语篇结构，这里暂不讨论由于互动因素导致的依附小句独自运用于一个话轮（turn）的情形，如下面例子中乙的话轮。比如：

（5）甲：今天感觉很冷啊。

乙：因为风大。

不过，即使是对话里"因为风大"可单说，也仅限于用作应答，对前一个话轮具有依赖性（可参看方梅，2012）。特别值得说明的是，将一个句法上的依附形式分别置于不同的话轮，这是互动交际中的一般现象，即便在形态语言中也会发生（参看 Ford、Fox、Thompson，2002）。此外，对话语体也会使句法上的黏着成分独立成句。例如应答句里，副词也可以独立成句：

> （6）甲：他们说不定已经到家了。
>
> 乙：或许。

因此，确定一个小句是否具有依附性的时候，一般以叙事语体作为分析参照。

2 依附特征

影响小句依附与自立的句法特征主要体现在六个方面。不同的特征在决定小句依附性的权重上有所不同（参看朱庆祥，2012）；另一方面，不同的语体里，构成依附性小句的句法特征权重也有所不同（参看朱庆祥，2012；方梅，2013）。

2.1 小句主语零形反指

从篇章关系看，零形式与所照应的自立性名词性主语存在两种情况"前指"和"反指"。例如：

> （7）a. 老车夫$_i$向四围看了一眼，0_i捧定了茶碗，0_i一口口的吸糖水。（老舍《骆驼祥子》）
>
> b. 0_i拿着两包火柴，顺着大道他$_i$往西直门走。（同上）

其中 a 句是零形主语回指（也称"前指"）第一个小句的主语，b 句是零形主语反指（也称"后指"）。尽管都是零形式主语小句，但是二者的依附性不同。如果是零形主语反指，则必须有后续句；但是如果零形主语前指，该小句不要求有后续小句。也就是，小句零形主语反指的小句是依附性小句。

如第四章所述，如果句法上是等立关系，默认的原则是显性主语小句在先，零形主语小句在后。一旦违反这个默认的原则，小句采用零形主语反指，其句法地位也就随之降低了。

2.2　无句末语气词

赵元任（1968/1979：62）提出三个因素来验证究竟是几个单句还是一个复合句，这三条分别是"语调和停顿""副词或连词作为标记"和"结构平行"。其中"语调和停顿"指的是句末的"语调和停顿"，并指出这个因素最重要，常常单凭"语调和停顿"就能辨别是一个句子还是几个句子。如：

　　（8）天气很好。但是我不能出去。

"好"字全上声，后边有全停顿，例（8）是两个句子。"好"字全上或半上带拖腔，那就只是一个复合句（赵元任，1979：62）。缺乏语气和完句性语调，这个小句要与其他小句一起构成一个复句。

两个小句叙述前后相继的两个行为，前一小句提供后一小句所述行为的时间参照，无需独立的语气和行事语力，所以使用句末语气词受到限制。例如下面例（9）的小句a：

　　（9）a.＊他吃了一碗饭呢/了，b. 抬腿走了。

所以，句末语气词有三个方面作用：1）反映语气；2）反映行事语力；3）反映具备唯一语调。

2.3　无评注性副词

张谊生（2000）把副词分为三大类："评注性副词""限制性副词""描摹性副词"，三者搭配由外层到内层的顺序是"评注性副词＞限制性副词＞描摹性副词"。评注性副词表达说话人的主观评价、情感、态度，可以明确表达行事语力。如：

　　（10）a. 他确实耷拉着个脑袋。
　　　　　b. 他耷拉着个脑袋，回去了。
　　　　　c.？他确实耷拉着个脑袋，回去了。

在上面例子中，a 句"他确实耷拉着个脑袋"是一个独立的命题。没有评注副词"确实"的时候，如 b 句，"他耷拉着个脑袋"就成为说明状态的修饰性小句，不能自立，要求有后续小句。这时候，如果加了评注性副词"确实"，如 c，句子的可接受性反倒降低了。

2.4　主语指称依赖

所谓主语指称依赖指小句主语的所指对象需依赖其他小句已建立的知识框架才能得到解读。例如：

> （11）a. 张三走出来，b. ［胳膊］缠着纱布，c. 看见大家扭头又
> 进去了。

在例（11）中，小句 b 的主语所指与小句 a 的不同，"胳膊"指"张三的胳膊"要依赖前一小句主语"张三"才能获得。也就是说，所指对象要依赖联想回指（"联想回指"，参看徐赳赳，2003）获得，即，需要另一小句提供上位概念或者依赖共有知识提供可关联的对象。

属于这类情况的名词包括四类：1）部件名词（partitive noun），如：胳膊、尾巴、门、窗；2）属性名词（property noun），如：韧性、脾气；3）亲属名词，如：妻子、丈夫；4）方位名词（directional noun），如：上、下、前边、后面等。

从小句弱化的层级看，"主语受限"应该在时体受限之后，但是由于篇章组合的经济原则（syntagmatic economy）等其他因素起作用，当前后小句主语相同的时候，主语可能先于时体被弱化（详见第十章）。

2.5　缺少表达"时"范畴和空间、状态的状语

汉语"时"特征需要借助时间名词、时间副词等成分来体现。缺少表达"时"范畴的词语，小句就不自立。对比：

> （12）a. ＊他喝着水。
> b. ＊他喝了水。
> （13）a. 他正在喝着水。
> b. 他已经喝了水。

除了时间指示状语，空间、情状方式等状语同样可以起到完句作用，如：

（14）a. 他慢慢地喝着水。

　　　 b. *他喝着水。

　　　 c. 他在课间喝了水。

　　　 d. *他喝了水。

所以，这里将这些起完句作用的状语类型归为一类参数，以时间参数为代表。言语行为力量、语气情态被弱化后，接着就是把"时空、情状"弱化掉。

2.6　轻宾语

宾语的复杂度可以划分为四个等级：

含有修饰小句 > 含有名词/形容词修饰语 > 光杆名词 > 代词

宾语自身含有修饰性小句的，如例（15d）；宾语含有数量定语、形容词定语，如例（15c）。例如：

（15）a. *祥子听着

　　　 b. ?他穿着衣服

　　　 c. ?他们穿着破衣/他穿着那件衣服

　　　 d. 他们穿着一阵小风就打透的，一阵大风就吹碎了的，破衣。（老舍《骆驼祥子》）

宾语的结构越复杂，小句的自立性越强。反之，小句自立性弱，依附性强。

3　依附小句的语体差异

下面我们选取四种语体中没有关联词语的例句进行尝试性分析说明。

这四种语体分别是叙事小说，如例（16）；说明文中的事物说明，如例（17）；操作语体中的菜谱，如例（18）；议论文，如例（19）。

（16）a. 拿着两包火柴，b. 顺着大道他往西直门走。（老舍《骆驼祥子》）

（17）c. 故宫建筑群规模宏大壮丽，d. 建筑精美，e. 布局统一。（《故宫博物院》）

（18）f. 生菜洗净，g. 撕成片；（《60 款美味减肥菜谱》）

（19）h. 重要的书必须常常反复阅读，i. 每读一次都会觉得开卷有益。（《不求甚解》）

下面结合每个参数，系统分析各个小句的依附情况。

参数 1：零形主语反指，依附。

a 小句是零形反指，其他各个小句都不是。零形反指现象主要出现在叙事语体中，说明文与议论文也存在少量叙事现象，但是这种叙事仍然是为说明和议论服务，属于非典型叙事现象，零形反指现象极少；操作语体不存在零形反指现象。

参数 2：不能增加句末完句语气词，依附。

例（16）–（19）非句末小句 a、c、d、f、h 加完句语气词的可接受性差，依附性强；但是句末小句 b、e、g、i 加完句语气词的可接受性相对较强，自足性强。如：

（20）a. [?]拿着两包火柴了呀/啦，顺着大道他往西直门走。

　　　 b. 拿着两包火柴，顺着大道他往西直门走了呀/啦。

（21）a. [?]故宫建筑群规模宏大壮丽啊/呀，建筑精美啊/呀，布局统一。

　　　 b. 故宫建筑群规模宏大壮丽，建筑精美，布局统一啊/呀！

（22）a. [?]生菜洗净了/呀，撕成片；

　　　 b. 生菜洗净，撕成片了/呀；

（23）a. [?]重要的书必须常常反复阅读啊/的呀，每读一次都会觉得开卷有益。

　　　 b. 重要的书必须常常反复阅读，每读一次都会觉得开卷有益啊/的呀！

如果抒情性强的话，前面添上评注性状语，非句末小句可以添加完句性强的语气词"啊/呀/的呀"等，自足性较强。如：

（24）桂林的山真险啊，危峰兀立，怪石嶙峋。（《桂林山水》）

（25）重要的书真的必须常常反复阅读的呀，每读一次都会觉得开卷有益。

操作语体的菜谱，无论句末小句还是非句末小句，一般不存在添加完句语气词的问题⑤。但是不宜添加语气词不等于没有语气情态，任何句子都有自己的语气情态，从这个角度看菜谱的单个小句还是缺乏独立的语气情态，依附性强。

参数3：不能增加评注性副词，依附。

前一零形反指小句a不宜添加评注性副词，可接受性差，但是后面小句b加上评注性副词可接受性较强。如：

（26）a.[?]确实拿着两包火柴，顺着大道他往西直门走。

　　　b. 拿着两包火柴，顺着大道他确实往西直门走。

客观性强的说明文一般不会添加评注性副词，但是如果抒情性加强，则前后小句都可以加评注性副词，如：

（27）桂林的山真奇啊，一座座拔地而起……桂林的山真秀啊，像翠绿的屏障，像新生的竹笋……桂林的山真险啊，危峰兀立，怪石嶙峋。（《桂林山水》）

（28）a. 故宫建筑群规模宏大壮丽，建筑精美，布局统一。（《故宫博物院》）

　　　b.[?]故宫建筑群规模宏大壮丽，建筑确实很精美，布局确实非常统一。

因此，从是否加主观性强的句尾完句语气词和评注副词的区别来看，《故宫博物院》不宜加，是说明文的典型代表；但《桂林山水》能加，属于写景的抒情散文代表。

操作语体的菜谱一般不加评注性副词，不加是常态，该参数自足，除非在电视饮食类节目的现场谈话中。如：

（29）a. ?生菜确实洗净，撕成片；

　　　b. ?生菜洗净，确实撕成片；

而议论文的主观性本来就很强，所以前后小句加评注性副词的可接受性都较强，如：

（30）a. 重要的书的确必须常常反复阅读，每读一次都会觉得开卷有益。

　　　b. 重要的书必须常常反复阅读，每读一次确实都会觉得开卷有益。

参数 4：主语是否自立。

1）在例（16）– （19）中，b、c、f、h 四个小句主语自立自足。如：b. 顺着大道他往西直门走/c. 故宫建筑群规模宏大壮丽/f. 生菜洗净/h. 重要的书必须常常反复阅读。

2）d、e 主语是依附名词性成分，依附性强。如：d. 建筑精美/e. 布局统一。

3）a、g、i 主语是零形式，依附性强。如：a. 拿着两包火柴/g. 撕成片/i. 每读一次都会觉得开卷有益。

参数 5：三种类型"时空、情状"等状语类型缺失，不自足。

1）b、h、i 有时空、情状、范围等副词性状语，自足性强。如：b. 顺着大道他往西直门走/h. 重要的书必须常常反复阅读/i. 每读一次都会觉得开卷有益。

2）从前后小句看，"c. 故宫建筑群规模宏大壮丽"本身是主谓谓语句结构，"宏大壮丽"又是复杂并列谓语，所以该句谓语部分没有状语修饰也是自足的，整个小句可以单说。

3）a、d、e 无状语，不自足。如：a. 拿着两包火柴/d. 建筑精美/e. 布局统一。

4）"f. 生菜洗净"，"g. 撕成片"是操作语体，操作语体中谓语前可以有时空、情状等状语，不自足。但是需要说明的是，无状语也是较为常见的现象。

参数 6：宾语复杂度没有降低，是自足的。

1）a 小句动词为及物动词，宾语"两包火柴"为带有数量定语的复杂宾语，可自足。

2）b 小句动词"走"为不及物动词，c、d、e 谓语是形容词性的，i 小句感知类动词"觉得"后有补语，这些类型后面不需要有宾语。

3）f、h 两个小句逻辑宾语前置到句首为话题/主语，不算缺宾或复杂度降低。

4）菜谱中的逻辑宾语是类名，如"生菜""片"是常规现象，可自足。

综上，比较自足叙事单句的七个参数，上述各个小句的自足情况可以总结为下表[⑥]：

表 11-1   各项参数的语体差异

		参数1	参数2	参数3	参数4	参数5	参数6
叙事	a	非	非	非	非	非	足
	b	足	足	足	足	足	足
说明	c	*	非	足	足	足	足
	d	*	非	足	非	非	足
	e	*	足	足	非	非	足
操作	f	*	非	非	足	足	足
	g	*	足	非	非	足	足
议论	h	*	非	足	足	足	足
	i	*	足	足	非	足	足

从表 11-1 可以看到：

（一）参数在不同语体、不同句式上不是每次都起作用，比如参数 1 零形反指，在说明文、操作语体的菜谱和议论文中基本上不起作用。又如，在叙事句中，涉及参数 5 时的地位更加凸显，但是在说明文的事物描写中，参数 4 和参数 6 主宾特征的重要性就更加突出。因为叙事句中动词的及物性强，汉语的时是需要借助"助动词、时间名词、副词、时体标记、语气词"等成分来实现的，是具备还是缺少，在谓语部分反映很明显；但是说明文的事物描写中，动词的及物性很低，时体特征不明显，主宾特征就显得更加重要了。

（二）每个小句的依附性句法表现并不相同。就两个小句构成的复杂句而言，只有两个都自足才能可断可续，有一个依附往往就是只能续不能断。

（三）每个参数的重要性并不完全相同，有些参数具有决定性作用，某个参数在验证小句是否自足的时候，仅凭该参数就可以确定小句是否自足，不需考虑其他参数。就一般的主谓句而言，参数 1 "零形反指"具有一票否决作用，如果是，那就是不自足的，如果不是，那就还需要验证其他参数。参数 2 "不能增加句末语气词'了$_2$/啊'"也具有一票否决作用，如果这个最外层的标准不符合，那么小句就不具备完句能力。但是，汉语向来不重视主语，参数 2 主要和谓语部分关系密切，有没有主语，有时对参数 2 都没有什么影响。如：

（31）a. 回家了。/喜欢上了这个了。

b. 他回家了。/他喜欢上了这个了。

参数 3 "增加评注性副词"是参数 2 "增加句末完句语气词"的辅助论证标准，一般来说参数 2 可添加则参数 3 必然可以添加，但是参数 3 可以添加，参数 2 倒是未必可以添加。参数 4 和参数 1 密切相关，因此，考虑参数 1 必然涉及参数 4；汉语的句子不是必须要有主语的，主语承前省略的小句自足性又是有争议的，所以单凭主语是零形式不宜断定小句是不自足的。对时体特征参数 5 而言，由于小句压制程度未必到达时体的位置，且汉语时体有默认无标记情况和非强制性特征，所以这两个参数不能起决定性作用。参数 6 因为句子未必有宾语，如果有也是必备标准，但是也不能起决定性作用。所以，就 6 个标准的定位重要性而言，大致可以从高到低排列为：

参数 1/参数 2 > 参数 4 > 参数 3/参数 5/参数 6

4 小结

以往的"完句成分"的研究关注什么样的结构不能单说，哪些语法成分可以使不能单说的句子独立成句。但是，对于说明下面两类情况就显得缺少解释力了。一种情况是，有些句法结构在某种语体里合乎语法，换一种语体就不可接受（参看方梅，2013c）；另一种情况是，一个小句可以作为单句使用，但是放到复杂句里却不适用。

我们把以往研究中所说的"非独立语段"——依附小句看作构成复杂句的基本类型，并把它放到不同语体中来考察。从不同语体类型的功能差异的角度，说明各类句法范畴特征的作用领域，并且试图说明，不同语体里呈现不同的句法要求。从这个角度说，不同语体就会有不同的语法。

附　注

①Halliday（2000：223）还提出了一种比较特殊的情况，如"Picture，if you can，a winkle"中的嵌入式"if you can"。汉语里也可以见到嵌入式条件小句，比如"带上你家宝宝，如果天气好的话，一起去"。"如果天气好的话"完全可以抽取出来，或者前置："如果天气好的话，带上你家宝宝一起去"，或者后置："带上你家宝宝一起去，如果天气好的话"。这种嵌入式条件小句我们认为也可以看作口语里的一种追补（afterthought）现象。关于追补的概念，赵元任（1968：75）是这样说明的："如果临时想起的话加在一个已经完结的句子之后，那就是追补语。……前边的话不要这个追补语还是一个完整的句子"。在上面这个例子里，"带上你家宝宝"可以带有祈使句的句调，不依赖于后面的条件小句。嵌入式"带上你家宝宝，如果天气好的话，一起去"是口语里的一种未经筹划的句子（unplanned sentences）。这种语序安排可以从会话分析（Conversation Analysis）的角度分析其动因（motivation），本文暂不讨论。

②这里的"关联词语"指连词以及具有篇章衔接功能的一部分副词。

③完句问题曾得到广泛关注，如：王艾录（1989、1990）、孔令达（1994）、黄南松（1994）、贺阳（1994）、史有为（1997）、金廷恩（1999）、齐沪扬（2002）、司红霞（2003）、张健军（2004）、张豫峰（2009）等。

④例子转引胡明扬、劲松（1989：42－54）原文的例子。

⑤电视现场厨艺展示增加语气词的可能性强。

⑥"非"指该参数依附，"足"指该参数自足，"＊"表示此参数在该种语体基本上不起作用或者该类型句式上不起作用。

第十二章
话本小说的叙事传统的影响

0 引言

中国近代叙事文本的典型代表是话本。话本主要包括两大类：一类是平话，用浅显的文言叙述帝王将相的故事；另一类是小说，用白话讲述平凡人的故事。

叙事语体（narratives）的典型语料是独白的故事讲述，而话本则是中国口头文学中最具有代表性的叙事语体的文本。话本是在书场说书的脚本，或者是为了"说"而写作的文本。"说书"有开场套路，它的起承转合模式具有显著的特征。从话语行为角度看，表现为故事讲述与言者评价交错；从叙述视角的角度看，表现为情节内人物视角与言者视角交错。这种叙事传统对后代叙事语体篇章的组织方式产生了重要影响，也影响到现代汉语篇章的语法表达。下文分别讨论[①]。

1 话本小说的叙述特点

从叙事学（narratology）的角度看，故事（story）指表达的对象。同一个故事可以采用不同的话语（discourse）来表达。叙事的讲述行为（telling）实际包含三个方面：

1）故事（story）：被叙述的事件。涉及叙述了什么，包括事件、人物、背景等。

2）叙述话语（discourse/text）：叙述故事的口头或笔头所呈现的话语。涉及怎么叙述的，包括各种叙述形式和技巧。

3）叙述行为（narration）：产生话语的行为或过程。（参看申丹、王丽亚，2010：16）

故事具有独立性。同一个故事可以通过不同媒介（如小说、电影、话剧等）得以呈现。同一个故事，以何种叙述话语来表达传递，这是叙事学关注的重要问题。

话本小说是说书人的讲述底本。作为讲述底本，它在叙述程式和叙述视角上具有显著的现场性特点。我们不妨从叙事开篇、话题导入、话题转移、情节结束这几个方面来观察。

1.1 情节的开启与结束

叙事语体的典型语料是独白的故事讲述。中国话"说书"有开场套路，它的起承转合模式不同于现代的文人小说。在正式开始故事讲述之前，总有一段引场辞，例如：

（1）词曰：

试看书林隐处，几多俊逸儒流。虚名薄利不关愁，裁冰及剪雪，谈笑看吴钩，评议前王并后帝。分真伪占据中州，七雄扰扰乱春秋。兴亡如脆柳，身世类虚舟。见成名无数，图名无数，更有那逃名无数。霎时新月下长川，江湖变桑田古路。讶求鱼缘木，拟穷猿择木，恐伤弓远之曲木。不如且覆掌中杯，再听取新声曲度。

诗曰：

> 纷纷五代乱离间，一旦云开复见天。
> 草木百年新雨露，车书万里旧江山。
> 寻常巷陌陈罗绮，几处楼台奏管弦。
> 人乐太平无事日，莺花无限日高眠。

话说这八句诗，乃是故宋神宗天子朝中一个名儒，姓邵讳尧夫，道号康节先生所作。……（《水浒传》）

上面是《水浒传》的开篇。引场辞中有"词曰：……""诗曰：……"。导入第一个篇章话题"一个名儒"则用了"话说……"。

再如下面一例，虽然前文有一个"有"字句"在前清末季，京城安定门里，菊儿胡同，有春阿氏谋害亲夫一案……"引出事件，即全书的话题。但是，开启故事情节在后文中用"话说"。例如：

（2）人世间事，最屈在不过的，就是冤狱；最苦恼不过的，就是恶婚姻。这两件事，若是凑到一齐，不必你身历其境，自己当局，每听见旁人述说，就能够毛骨悚然，伤心坠泪，在前清末季，京城安定门里，菊儿胡同，有春阿氏谋害亲夫一案，各处的传闻不一。各报纸的新闻，也有记载失实的地方。现经市隐先生把此案的前因后果，调查明确，并嘱余编作小说。余浣蔷读罢，始知这案中真相，实在可惊！可愕！可哭！可泣！兹特稍加点缀，编为说部，公诸社会，想阅者亦必骇愕称奇，伤心坠泪也。

话说东城方中巷，有一著名教育家，姓苏名市隐，性慷慨，好交游，生平不乐仕进。惟以诗酒自娱，好作社会上不平之鸣。这一日，天气清和，[ ] 往地安门外访友。[ ] 走至东西牌楼西马市地方，正欲雇车，忽然身背后有人唤道："市隐先生，往哪里去？"市隐回头一看，正是至交的朋友原淡然。二人相见行礼，各道契阔。（《春阿氏谋害亲夫》第一回）

上例中，"话说"后用"有"字句引入主角（著名教育家苏市隐）。其后的语句虽然主语没有出现，但是零形主语的指称都指向"有"字句引入的这个话题。

"话说……"是高频使用的开篇方式，下面是《儒林外史》第二回和第三回的开篇。

（3）a. 话说山东兖州府汶上县有个乡村，叫做薛家集。这集上有百十来人家，都是务农为业。（《儒林外史》第二回）

b. 话说周进在省城要看贡院，金有余见他真切，只得用几个小钱同他去看。不想才到"天"字号，就撞死在地下。（《儒林外史》第三回）

在章回结尾，说书人常用的结束叙述的表达形式是"且听下回分解"。例如：

(4) a. 毕竟史进与三个头领怎地脱身，<u>且听下回分解</u>。(《水浒传》第二回)

b. 毕竟扯住鲁提辖的是甚人，<u>且听下回分解</u>。(《水浒传》第三回)

这里虽然没有出现直接体现现场性的名词，但是一个动词"听"就使讲述者与受众的"言—听"关系跃然纸上。"话说"是言者自行开启言谈的表达方式，而"且听……"是祈愿句，是面向受众的。

1.2　话题导入与话题转移

话题导入的常见形式是用"单说"，"单说"可以引入一个篇章话题。例如：

(5) 闲话还是不提，说话这就开书。单说保定府西主人关外，<u>有一家富户</u>，家里房产买卖不少，干脆说很有几个槽钱。姓李行五，……(损公《新鲜滋味第五种：裤缎眼》)

如果不处于开篇位置，"单说"可以用于话题的转换处。有的时候，前面有结束上一段故事情节的表达式，如"……不必细说""……打住""……不提"等。例如：

(6) 一路之上，<u>也没有多少可叙的</u>。到了南阳，同城文武如何迎接，如何接任，又如何拜同城，那都是外官场照例的套子，<u>不必细说</u>。
单说南阳府知府胡太尊，那天请刘军门吃饭。同席子一共七位，主人之外，首席自然是刘军门喽。(损公《新鲜滋味第六种：刘军门》)

(7) <u>闲话二次打住</u>。单说春爷，第二天又奔往茶馆ﾞ儿。……(损公《新鲜滋味之四种：麻花刘》)

不难看出，无论是一个篇章新话题的建立还是篇章话题的转移，都是采用说话人显身的表达方式。篇章中反复出现的"说"类词语，如"叙、说"等，都只能理解为故事讲述者的行为，不是故事中人物的言语。

1.3　互动性表达

"说书"是现场讲述，既要充分体现情节自身的篇章层次，又要构建与听者的人际互动。

如果我们看传统小说就会发现，通过虚拟受众的方式构筑讲述者与受众的互动是这类叙事文本的重要特征。例如：

（8）您说这事也真怪，小额自从上上这个药，就瞧疮口里头直长肉珠儿，真是一天比一天浅，四五天的工夫，居然就快长平啦。（《小额》）

（9）那位瞧书的说啦："你编的这个小说，简直的没理。你说伊老者素常得人，为甚么青皮连跟他打架，旁边儿的人会不管劝劝呢？眼瞧着让他们打上。世界上岂有此理？"诸位有所不知，他们正要打架的时候儿，正赶上堂官来啦，里里外外一阵的大乱。（《小额》）

（10）亲侄子吃顿饭都费事，过继更休想了，头一个先得过继内侄。您就瞧罢！过继内侄的，十个里头，有九个糟心的。溯本穷源，为甚么妇人都是这宗毛病呢？就因为没受过好教育，不明白真理，所以一味的私心。唐家的武后，前清的慈禧太后，按说是聪明绝顶啦，就是这地方儿想不开，所以糟心。（损公《新鲜滋味之第十种：铁王三》）

这里，第二人称使用"您"是虚拟一个与讲述者直接交际的受话人；而"那位瞧书的说啦"实为作者借用一个虚拟的读者提问，自问自答。后面的"诸位有所不知"也是虚拟受众的表达。

1.4　叙事与评价交错

除了上述叙述者与受众间人际互动的构建，话本的现场性还表现为说话人叙述故事与叙述者发表个人评论交错推进，随述随议。例如：

（11）头道菜一上来，谁也摸不清是甚么，用刀子切也切不动，曹猴儿急了，说："拿筷子来罢！"（吃大餐要筷子，闻所未闻。）（损公《新鲜滋味之三种：理学周》）

（12）赵大好喝两盅儿，又好戴高帽子（全都是糟心的毛病）。狗爷知道他妹丈这宗脾气，所以极力的狗事。要按亲戚说，他是大舅子，赵大是妹丈，得管他叫大哥。（损公《新鲜滋味之三种：理学周》）

（13）单说保定府西主人关外，有一家富户，家里房产买卖不少，干脆说很有几个糟钱。姓李行五，因为他身量高，都管他叫大李五（<u>号可不叫顺亭</u>），五十多岁，夫人儿苗氏。跟前一儿两女，儿子叫李拴头，十一、二岁。大女儿叫金姐儿，已然出阁，给的是本处财主丁老虎的儿子，叫作丁狗儿（<u>虎父生犬子，可称半语子养哑吧，一辈不如</u><u>一辈</u>）。（损公《新鲜滋味第五种：裤缎眼》）

例（11）"吃大餐要筷子，闻所未闻"是对故事中人物行为的评价；例（12）"全都是糟心的毛病"是对故事中人物的习性（爱喝酒、爱被人奉承）的评价；例（13）"号可不叫顺亭"相当于脚注，"虎父生犬子，可称半语子养哑吧，一辈不如一辈"是说书人的评价。

从叙述故事到对所叙述内容的评价，不同话语行为的转换是以随文注释的方式呈现的。

2 叙述视角

叙述话语具有多样性。包括：1）顺序：是否打破自然时序；2）时距：用多少文本篇幅来描述在某一时间段中发生的事；3）频率：叙述的次数与事件发生的次数之间的关系；4）语式：通过控制距离或选择视角来调节叙事信息；5）语态：叙述层次和叙述类型。（参看申丹、王丽亚，2010：25）上述几个方面中，叙述视角与叙述层次都与话语形式的选择密切相关。

叙述视角是指叙述时观察故事的角度。无论是文字叙事还是电影等其他媒介的叙事中，同一个故事，若叙述时观察角度不同，会产生大相径庭的效果。传统叙事学对视角的研究关注小说中的事件表达方式。在区分叙述层次的时候，书面叙述与口头叙述存在差异。口头叙述时叙述者与受话者面对面，受话者可以直接观察到叙述者的叙述过程，其声音、表情动作对叙述效果具有重要作用（参看申丹、王丽亚，2010：19）。因此，像上文例（11）（12）（13）那样脚注式的评价表达，也是说书的现场性的体现[②]。从语言学角度，我们更关注不同表达方式对语言学的基本范畴的影响，或者说，哪些语言手段可以区别和传递不同的视角。

2.1　视角标记

有些词语是用来传递视角信息的，比如"在……看来"：

（14）杨继盛在监狱里，溜溜关了三年，满朝文武百官，却死活找不出，这位大好人的任何罪状来。最后呢，杨继盛还是被杀了。为什么呢？没有理由。**在当时看来**，得罪严嵩的人，就该死。杨继盛死后，松筠庵，就改成了祠堂。因为杨继盛号椒山，所以，达智桥胡同里的这座，杨继盛故居，又叫杨椒山祠了。（《这里是北京》）

（15）他对朱由校的忠诚，**在外人看来**，有点得不偿失，甚至有点多余。难怪他这么多年，都混不出个头来。（《这里是北京》）

上面例子中的"在当时看来""在外人看来"，直接通过"在……看来"这种词汇形式表示其视角定位。这也是元话语（metadiscourse）研究中已经关注到的现象。

我们认为，体现叙述视角的语言形式，主要包括两类表达形式：1）元话语；2）句式。下面我们分别讨论。

2.2　元话语

Hyland（2005：49）根据功能把元话语（metadiscourse）分为两大类：一类是语篇交互性（interactive）元话语，这类元话语反映语篇内部的关系，其作用是引导读者理解语篇；另一类是人际交互性（interactional）元话语，这类元话语反映作者与读者之间的互动，其作用是吸引读者参与到交际中来。大致说来，语篇元话语属于信息层面（informative），而人际元话语属于互动层面（interactional）[③]。

人称选择是元话语的重要表现形式，同时也是体现视角的重要途径。言者通过人称代词的使用，选择是言者叙述（第一人称叙述）还是第三方叙述。采用第一人称叙述是言者叙述的直接体现。比如《小额》开篇的一段就有"听我慢慢儿的道来"。

（16）庚子以前，北京城的现象，除了黑暗，就是顽固，除了腐败，就是野蛮，千奇百怪，称得起甚么德行都有。老实角儿是甘受其苦，能抓钱的道儿，反正没有光明正大的事情。顶可恶的三样儿，就是仓、库、局。要说这三样儿害处，诸位也都知道，如今说一个故事儿，就是库界的事情，这可是真事。<u>诸位别忙，听我慢慢儿的道来</u>。(《小额》)

但是，第一人称叙述也有不同。叙述者也可以是事件之内的参与者，即自述。例如：

(17)"冷吗?"我问，手不知道放在哪里。

柳青没回答，面无表情。(冯唐《北京北京》)

叙述者还可能是在事件之外的，虽然使用了第一人称，像上面举的《小额》的例子。再如，老舍先生的《骆驼祥子》，开篇叙述者 (narrator) 就以第一人称出现：

(18) 我们所要介绍的祥子，不是骆驼，因为 "骆驼" 只是个外号；那么，我们就先说祥子，随手儿把骆驼与祥子那点关系说过去，也就算了。(老舍《骆驼祥子》)

但是，我们知道，《骆驼祥子》讲述的并不是作家自己的故事。

这种言者直接显身的叙事方式正是中国传统章回小说的常见手法。在各章起承转合之处，也是用 "话说" "单说" 等词语组织篇章结构。

2.3　情节内人物视角

视角表达除了可以借助人称代词之外，还常借助视觉动词，如 "看、见、瞧" 等。

叙述时，表达情节内人物视角，视觉动词小句有行为主体，或者可以补出隐含的行为主体。例如：

(19) 曹立泉回头一瞧，不由的一楞儿。[ ] 但见一个五十多岁的穷老太太，挽着个旗阎儿，穿着个破蓝布衫儿，愁眉泪眼一脸的菜色，原来不是别人，正是他师娘富二太太。(损公《新鲜滋味第二十八种：曹二更》)

上面例子中，"一个五十多岁的穷老太太，挽着个旗阄儿，穿着个破蓝布衫儿，愁眉泪眼一脸的菜色……"可以理解为曹立泉所见。

2.4　全知视角

下面一例中，"但见"后面的内容就很难解读为人物所见了。例如：

（20）单说春莺，自生产之后，母子皆安，伯英夫妇乐的都闭不上嘴。洗三那天，来了不少亲友，成氏也前来添盆。？［ ］<u>但见这个孩子，又胖又大，啼声洪亮，实在是个英物。</u>（损公《新鲜滋味之十五种：搜救孤》）

这类用法的特点是，视觉动词的前面补不出隐含的"见"的行为者。"但见"的作用在于提示读者或者听众，关注下面即将叙述的事物。换句话说，这里"但见"是叙述者把自己置身于故事情节之中的表达方式，进而使读者获得身临其境的感受。

2.5　视角切换

在叙述中，相同的词汇形式，有时候是以情节内人物的视角叙述；有时则是言者的视角叙述。例如：

（21）有一天晚晌，记者跟随先祖母在门外纳凉，曹二更的木厂子已然关门，<u>就瞧</u>由东边来了一个人行步匆匆，打着一个纸灯笼，一下坡儿，差点儿没栽了一个跟头。（损公《新鲜滋味第二十八种：曹二更》）

（22）大拴子刚走，这当儿底下人回禀说，酒醋局希四老爷来啦。额大奶奶说："快请。"底下人出去，功夫不大，<u>就瞧</u>希四爷摇摇摆摆踱了进来。（《小额》）

（23）正这儿说着，<u>就瞧</u>起外边慌慌张张的跑进一个人来。大家伙儿一瞧，都吓了一跳。您猜进来的这个人是谁？正是伊老者的二少爷善全。（《小额》）

上面例（21）中"瞧"可以理解为以故事中的人物视角的叙述，"由东边来了一个人行步匆匆，……差点儿没栽了一个跟头"是记者所见；但是例（22）和（23）中"瞧"的行为主体则不是前面语句已经交代的那个人物，"瞧"的行为主体并非故事情节中的人物。"就瞧"用作引导一个在说话人看来特别需要关注的情节。"就瞧"用于聚焦新动态，在现代汉语书面语中，"只见"具有同样的功能。

叙述视角的切换也可以通过认识义动词实现。例如：

（24）李鸿章，跟荣禄关系挺铁，有利益裙带关系。也知道，他跟慈禧之间，高于君臣的默契。于是求荣禄，帮忙疏通疏通。碍于面子，荣禄只好向慈禧说情。<u>不知慈禧是为了避嫌，还是真生气了</u>。先是当场勃然大怒，但结果呢，在荣禄的一番劝解之后，慈禧还是心一软，把徐致靖的死刑，改判了终身监禁。（《这里是北京》）

在这一段叙述中，"不知慈禧是为了避嫌，还是真生气了"是叙述者对其所述内容的评论，是情节之外的。其中"不知"并非情节内人物的认知状态，而是表达言者自身的认知状态。

3 现代北京话的叙事语体

说书是现场讲述，既要充分体现叙事情节自身的篇章架构，又要构建与听众的互动。现场性的表达是传统章回小说的叙述特点，这种言者显身的叙述方式不仅在小说中具有传承性，还对后代叙事语体篇章的组织方式产生了重要影响，也影响了现代汉语篇章的语法表达。其影响主要表现在：

1）叙事语篇中有大量的为构建现场效应所采用的互动性表达形式。

2）体现叙述视角的语言形式不仅包括人称选择、元话语词汇选择，还包括一些具有互动表达功能的句式。

说书没有文化阶层的门槛，这就要求它的表达方式一定是最接近当时的口语高频使用的形式，也可以作为那个时代口语的代表性文献，有可能真实反映语法演变的条件。

3.1 构建现场效应

我们注意到，传统章回小说的言者显身的叙述方式不仅在小说中具有传承性，而且是现代叙事语体的常用范式。例如，在下面的叙述中，讲述者通过第一人称代词包括式"咱"来构筑与听者的互动关系。如：

（25）说起康熙爷，绝对属于男人里挑出来的精英。就算在皇帝堆儿里，也是个数一数二的佼佼者。咱常说，成功男人的背后，一定有一个支持他的女人。康熙爷也不例外。只不过，他背后这个女人，不是皇后，而是她的皇祖母，孝庄皇太后。话说当年在武英殿，康熙跟他的几个小兄弟，智擒了鳌拜。这事儿，至今令人谈论起来津津乐道。殊不知，整个事件的幕后策划，就是咱们的孝庄皇太后。一日，在孝庄的指点下，玄烨以下棋为名，召见了他的岳父索额图。老中青三代人，连夜拟定了，擒鳌拜的整体方略，才有了武英殿里，初生牛犊不怕虎的那一幕。（《这里是北京》）

在上面这段讲述中，与"俗话说"相比，用了"咱常说"以构筑言者与受话人或者读者的人际互动关系，因为"咱"是第一人称包括式，指称上既有言者，又含有受话人。用"说起"引入篇章的叙述主角"康熙爷"。其后，用"话说"开启具体事件，用时间词"一日"切分故事的情节层次。

在叙事语篇中，构筑言者与受众人际互动关系除了使用一些表达人际的词语（如"咱""咱们"）之外，还使用一些直接表达互动性行为的句子类型。

（一）祈使句

祈使句的典型行为功能是请求他人做某事。在讲述过程中的祈使句，作用在于构筑言者与受众的人际互动。例如：

（26）轮到汉菜上桌，洪承畴，也只能随着太后皇帝的节奏，喝酒夹菜。您想想，一个五大三粗的男人，怎么能跟女人孩子的饭量相比。洪承畴这饭吃不饱，是一定的了。（《这里是北京》）

（27）据《清稗类钞》的另一种记载，说慈禧跟慈安俩人原本相安无事。后来慈禧病了，慈安独揽大权。您听清楚喽，是东太后慈安独揽大权。（《这里是北京》）

（28）一提到这个皇上啊，感情生活啊，都说什么，后宫佳丽三千，三宫六院七十二嫔妃啊。这皇上的感情生活，真的这么随心所欲吗？我看不一定。也请您琢磨琢磨，就那光绪皇帝，那感情生活就挺苦

的。大老婆，是慈禧太后硬塞给他的。您看那长相，那脾气，就够光绪一呛。（《这里是北京》）

从言语行为的角度说，祈使句是执行一个请求行为，也即要求有受众参与的交际行为。而叙事是讲述行为，讲述行为不依赖于受众的参与。

（二）设问句

设问句是言者或者作者的自问自答。如上文例（23）中"您猜进来的这个人是谁"。再如：

（29）东厂，咱们都知道，就在王府井的东厂胡同里。但您知道西厂在哪儿吗？我告诉您，在西单一带。（《这里是北京》）

（30）司礼监，现北京市东城区，景山东街吉安所右巷10号，从黄化门街到景山后街一带。刘瑾的主要工作地点，就在现在（的）东城区，景山东街的吉安所右巷10号。明朝那会儿，这是司礼监的所在地。司礼监，是明朝的一个特殊部门，由太监组成。这些太监都干什么呢？这么说吧，小到叫皇上起床，大到代皇帝写口谕，都是司礼监的职责。（《这里是北京》）

下面一例，先用了祈使句"您可别小看这一万块钱"，然后又用了设问句。

（31）张自忠重视教育，是出了名的。他在天津当市长的时候，不但建立了教育局，还每年给因经费短缺，而面临危机的南开中学拨款1万元。您可别小看这一万块钱。您知道当时的一万元相当于咱们今天多少钱吗？我们大概其算了一下，差不多相当于今天的80万元人民币。由此可见，张自忠将军对教育事业的重视了吧。（《这里是北京》）

3.2 叙事与评价的切换

叙事语体的互动性依赖于叙事与评价的频繁切换。现代口语的叙事语体中所采用的切换手段，与上文谈到的话本小说的范式一脉相承。比如，以"说"类词语导入篇章话题，使用第一人称显现言者，使用第二人称代词、祈使句、设问句构筑与受众的互动。

在故事讲述与发表评论之间的切换，有一些特别的表达。如下面一例的"您想啊"。

（32）咱们分析乾隆和和珅的关系，有人呢，得出这么一个结论。说这和珅啊，一辈子光顾着算计别人了，反过头来，被乾隆皇上给算计了。乾隆生前的时候呢，借着和珅的手敛财。等他一死，这财产啊，留给儿子嘉庆了。**您想啊**，一抄家一灭门，这和珅一辈子积的钱，全归嘉庆了，相当于好几个国库啊。这嘉庆，至少少奋斗十年。这正应了那句话啊，红楼梦里，形容王熙凤的，机关算尽太聪明，反断了卿卿性命。（《这里是北京》）

在这个例子里，"您想啊"引出说话人对自己所述事件的评论。用含有"想"的祈使句"您想啊"实现了从事件叙述到言者评论的转变。再如：

（33）……先是当场勃然大怒，但结果呢，在荣禄的一番劝解之后，慈禧还是心一软，把徐致靖的死刑，改判了终身监禁。**您看出来了吧**，这荣禄和慈禧两个人啊，互相扶持，互相帮忙，给足了对方面子，还避了嫌。其中的默契，真是非常人可以理解。（《这里是北京》）

这里的"您看出来了吧"，意思就是"可见"，引出言者的评价性结论。"可见"直接引导言者的评价性结论，而"您……吧"是表达征询的句式，更有互动性。

评价有别于对事件的叙述，一般为通指句（方梅，2019b）。例如：

（34）五次来北京，康有为一共七次上书，请求变法。起初根本没人搭理他。俗话说"人微言轻"，一个老百姓想跟皇上说上话，太难了。更何况那会儿主事儿的，是光绪皇帝的大姨妈，慈禧太后。（《这里是北京》）

上面的例子中，"一个老百姓"的所指并不是语境中确定的对象，而是任何一个具有老百姓这种身份的人。这种"一量名"主语的句子，可以换成光杆名词，但是不能像以往语法学著作中讨论的"无定 NP 主语句"（参看范继淹，1985）那样，换成"有"字句。例如：

（35）只可惜，此次承德消暑游，对于咸丰来说，只能用四个字概括，叫作"有去无回"。咸丰十一年七月十七，慈安、慈禧成了寡妇了。一个男人倒下去，两个女人站起来。从此以后，慈安、慈禧手拉手，肩并肩，联合恭亲王，灭了八大辅臣。怀揣"同道堂""御赏"两枚大印，抱着孩子，走上了清末政治舞台。（《这里是北京》）

尽管孤立地看，"一个男人倒下去"可以说成"有一个男人倒下去"。但是，在上面这个语境中不可将"一量名"主语的句子换成"有"字句。

"一量名"主语句具有截断话题链的功能，因此要对一个已知对象加以评论的时候，会用"一＋量＋名"形式的主语句来表达。例如：

（36）清史稿上说，张廷玉，仗着自己是三朝元老，要这要那，患得患失。却也有人说，乾隆心胸狭窄，嫉贤妒能。君臣的事情，自古就没有对错。张廷玉为大清朝贡献了一辈子，不可能因为乾隆朝的官方评价，就葬送了他一世的清白。即便如史书记载，真是倚老卖老，患得患失了，转过头来想一想，一个年近古稀之人，奉献了一辈子，也谨慎了一辈子。好不容易鼓起勇气，想为自己争取点什么，又有何罪过呢。（《这里是北京》）

上面的例子中，第一次评价出现的时候，用的是名词短语"君臣的事情"，是通指名词短语，其后的述谓语"自古就没有对错"是惯常体。其中"一个年近古稀之人"，虽然可以理解为张廷玉——前文已经引入的对象，但是，此处不再是叙述其人其事，而是言者要发表评论。说话人在使用"一量名"主语句这样一种有标记的、区别性的句法形式，在同一个人的言谈中区分叙事与评价这两种全然不同的话语行为。

再如：

（37）说起宣武区的菜市口，给人印象最深的，就得数清朝时候的刑场了。但今天，我们要给您念叨的，是菜市口另外一个身份，奸相严嵩的户口所在地，丞相胡同。菜市口菜市口，指的就是这个路口。路口南边的菜市口胡同，便是明朝大奸臣，严嵩住的地方。过去，这儿叫丞相胡同。……严嵩住的宅子，究竟有多大呢？您琢磨琢磨吧。现在的菜市口南大街，就是过去的丞相胡同。就算当年的胡同没有现在的大马路这么宽，那咱就按照单向车道的宽窄算。甭管是占地面积，还是使用面积，也都不算小了吧。<u>一个丞相住在半条菜市口大街上，倒也是无可厚非的事</u>儿。所以咱也没有必要，追究人家不明财产的来历。（《这里是北京》）

这一段里，用"说起"导入话题"菜市口"，其后，用设问、祈使句以及人称代词"咱"构筑与受众的互动。上面例子中，最后用"一个丞相住在半条菜市口大街上，倒也是无可厚非的事儿"这种"无定 NP 主语句"结束叙事，开启评价。这种叙事当中嵌入的评论句不体现事件过程，通常为惯常体（详见方梅，2019）。

4　叙述者视角与词汇义虚化

4.1　超句连词

大量超句连词（macrosyntactic conjunction，Chao，1968）的来源小句是无主语小句，甚至可以理解为动词本身的虚化。Chao（1968：794）在讨论连词的时候说，有一类超句的连词与"弱化了的主句"（reduced main clause）重叠。

关于汉语词汇化以及话语标记的讨论已有不少文献，如董秀芳（2007）关于词汇化与话语标记的形成的讨论，罗耀华、牛利（2009）对"再说"的语法化的讨论，董秀芳（2010）对来源于完整小句的话语标记"我告诉你"的讨论，曹秀玲（2010）关于从主谓结构到话语标记的讨论等。

"弱化了的主句"中大量是含有"说"的元话语表述，如"听说、据说、俗话说、常言说、按理说、按说、照说、依我说、照我说、比如说、譬如说、换言之、换句话说、简单地说、就是说、相对来说、反过来说、顺便说一下、总的来说、总起来说、总体上说、一般来说、一般说来、不用说、老实说、不瞒你说、说实在的、说真的、说到底、说心里话、再（者）说、应当说、可以说、不消说、不管怎么说、具体说、这么说、说来"等。

以"再说"为例。罗耀华、牛利（2009）《"再说"的语法化》曾讨论过"再说"变为连词的用法。"再说"本来是用作述谓语的短语，其中的"再"是"又"的意思。如：

（38）武松把那打大虫的本事，再说了一遍。（《水浒传》第二十三回）

在同一部书中，"再说"可以用作篇章连接，来导入一个新的话题。例如：

（39）再说金老得了这一十五两银子，回到店中……（《水浒传》第三回）

现代汉语口语中，"再说"可以用作连词，表达递进关系，是"而且"的意思。例如：

（40）富人目标大，犯罪分子把他们作为对象，是投入小，收益大。再说，加害富人的，也未必是穷人。（《人民日报》2005年11月5日）

另一类篇章连接成分是含有"看"类动词的表达，如：却见、但见、只见、可见，等。

先看"可见"。在现代口语里，用"可见"引出言者的概括性评价。它甚至可以在韵律上独立，或者后附语气词。例如：

（41）这座门是乾隆在修完圆明园之后，顺手儿，在这儿建的。其实圆明园里，有很多中西结合的建筑。可见乾隆是一个思想比较开放、审美比较时尚的皇帝。这样的西洋门，在北京只有两座。（《这里是北京》）

（42）在旧社会，西服革履者，与拉车卖浆的同桌共饮，并无贵贱之分。由此可见，豆汁儿，确实是贫富相宜，雅俗共赏，普通得不能再

普通的食品了。(《这里是北京》)

(43) 康有为第一次来北京，是在 25 岁那年，来参加乡试。到 1898 年戊戌变法失败，他在北京与外地之间，一共打了五个来回儿。但住的地方，只有一个，就是宣武区，米市胡同 43 号的南海会馆。咱以前介绍过不少北漂的名人，刚来北京的时候，都住会馆。但人家到最后，多少都能，再置办上一两套房子。康有为在北京，却只有南海会馆这么一个落脚之处。可见，这么多年，康先生混得不咋地。(《这里是北京》)

(44) 很多人认为这四扇石屏风啊，是圆明园的遗物。因为大家看到夹镜和垂虹两个字，就会想到圆明园四景之一，叫作夹镜明琴。它呢是出自李白的两句诗，叫作"两湖夹明镜，双桥落彩虹"。所以很多书，想当然把它列为到圆明园的遗物当中了。您看完前两句后，就应该能想到，它是描写舒春园石舫周围的景色的。那么它的建造年代，应该是乾隆年间，由和珅建造的。可是圆明园呢是雍正时期建造的，可见啊，它不是圆明园的遗物。(《这里是北京》)

同样是"看"类动词，现代汉语"只见"替换了"但见"，用来引进一个新出现的情形并提请读者注意（参看董秀芳，2007）。例如：

(45) 9 日上午 9 时 04 分，美国俄克拉何马城中心，"轰"的一声巨响，只见火光冲天，浓烟滚滚，响声和震动波及数十英里之外。

(46) 5 时 15 分，护卫队长一声令下，军乐队高奏国歌，只见升旗手一挥手，五星红旗在千万双眼睛的注目礼中冉冉上升。

从上面的分析不难看出，这些从动词小句而来的表达形式，即便是相同的动词，功能上也存在差异。这类"只见"属于参与标记（engagement marker）。在语篇中，用于引导受述者关注新引入篇章的事物。

4.2　功能差异

弱化主句来源的篇章连接成分，其浮现条件是现场讲述或者模拟现场讲述。这表现在：(1) 言者显身的篇章框架，(2) 讲述与评价交错的表达方式，(3) 高频的人际互动表达。

从篇章框架标记的角度看，大体可以分成三类不同功能：1）情节：开启、转换；2）话题：建立、延续、转换；3）行为：叙述（事件内）、评价（事件外）。以上文所述的几个词语为例：

"单说"：框架标记（frame marker），用作开启情节、建立篇章话题。

"只见"：参与标记（engagement marker），提示受话人、读者关注其后的重要情节。

"可见"：框架标记（frame marker），标记从讲述行为到评价行为的转变。引出言者对其所叙述内容的总结。用作小句间关联、宏观句际关联。

"看来"：框架标记（frame marker），标记从讲述行为到评价行为的转变，引出言者对其所叙述内容的评论。只用作宏观句际关联。

"说"类，即含有"说"或言说义语素的词。如：话说、单说、再说。这类词语始终保持言者视角的表达功能。

"看"类，这类词语的表达功能有两种。1）表达从事件参与者视角发展为超叙述者视角（全知视角），如：只见；2）表达言者视角，进而成为表示总括的连词，如：可见。

说书是民间口头文学的重要形式，话本的叙述方式代表了汉语叙事语体的典型样态。话本小说的叙述话语所具有的互动性，为我们考察互动交际对语言演变的影响提供了重要的依据。

5 小结

传统小说多来自话本。作为讲述底本，话本在叙述程式和叙述视角上具有显著的现场性特点。从话语行为角度看，表现为故事讲述与言者评价交错；就叙述视角而言，表现为情节内人物视角与言者视角交错。这种叙事传统对后代叙事语体篇章的组织方式产生了重要影响。其影响主要表现在：

（一）叙事语篇中有大量为构建现场效果所采用的互动性表达形式。

（二）通过人称选择、元话语词汇选择，以及一些具有互动功能的句式体现叙述视角。

（三）各类篇章框架标记大量来自以无主语形式呈现的言说动词小句、视觉动词小句和认识义动词小句，用作情节的开启和转换，话题的建立、延续和转换，讲述行为与评价行为的切换。由于说书是现场性语境，叙述者无需将自身作为参与者角色作句法上的编码，这带来叙述者自身在句法编码上的缺失。因此，这些篇章框架标记甚至可以理解为动词本身的虚化。

上文的讨论说明，借助于叙事学的视角，有可能深化我们对于汉语篇章的认识。立足于不同语体特点的语法分析，有助于说明交际需求对句法的塑造。

附　注

① 文中引用的晚清北京话语料依据王洪君、郭锐、刘云总编的《早期北京话珍本典籍校释与研究》中由刘云主编的《早期北京话珍稀文献集成》（北京大学出版社，2018 年）。现代北京话语料依据老舍的小说和话剧。当代北京话语料有：1）系列电视片《这里是北京》解说词；2）北京作家的小说和随笔。

② 现在，对口相声中叙述故事，往往是逗哏的讲述故事，捧哏的充当在一旁评价的角色，说出如同（11）至（13）例中括号里的评价话语。

③ Hyland（2005：49）的元话语描写系统包括语篇元话语和人际元话语两个大类。语篇元话语包括：1）转接语（transition），体现小句之间的关系（如 in addition、but、thus）；2）框架标记（frame marker），体现言语行为或序列或阶段（如 finally、to conclude、my purpose is）；3）内指标记（endophoric marker），提及语篇中其他部分的信息（如 note above）；4）传信成分（evidential），显示提及其他语篇的信息（如 according to X、Z states）；5）编码注释（code gloss），显示对命题的详细阐释（如 namely、such as、in other words）。人际元话语包括：1）模棱语（hedge），如 might、perhaps、possible、about；2）助推语（booster），如 in fact、definitely、it is clear that；3）态度标记（attitude marker），表达作者/言者对于命题的态度（如 unfortunately、I agree、surprisingly）；4）自我提及（self mentions），显示言者（如 I、we、me、our）；5）参与标记（engagement marker），明确地建立或加强与读者之间的关系（如 consider、note、you can see that）。

参考文献

鲍怀翘　林茂灿（主编）　2014　《实验语音学概要》（增订版，初版吴宗济、林茂灿主编），北京大学出版社。

曹逢甫　1990［2005］　《汉语的句子与子句结构》　（*Sentence and Clause Structure in Chinese：A Functional Perspective*），王静译，北京语言大学出版社。

陈国华　王建国　2010　《汉语的无标记非主语话题》，《世界汉语教学》第 3 期。

陈　静　高　远　2000　《汉语是主题突出型语言吗?》，《外语与外语教学》第 5 期。

陈满华　2010　《由背景化触发的非反指零形主语小句》，《中国语文》第 5 期。

陈佩玲　陶红印　1998　《台湾官话叙事体中韵律单位的语法构成及其规律初探》，《语言研究》第 1 期。

陈　平　1987a　《释汉语中与名词性成分相关的四组概念》，《中国语文》第 2 期。

陈　平　1987b　《话语分析说略》，《语言教学与研究》第 3 期。

陈　平　1987c　《汉语零形回指的话语分析》，《中国语文》第 5 期；又见《现代语言学研究——理论、方法与事实》，重庆出版社，1991；又见《汉语的形式、意义与功能》，商务印书馆，2017。

陈　平　1991　《现代语言学研究——理论方法与事实》，重庆出版社；商务印书馆，2017。

陈庆汉　2002　《"N 的 V"短语中心语"V"语法性质研究述评》，《汉语学习》第 5 期。

陈　一　2008　《对举表达式的再分类及其意义》，《中国语言学报》第 13 期，商务印书馆。

陈　颖　陈　一　2010　《固化结构"说是"的演化机制及其语用功能》，《世界汉语教学》第 4 期。

陈玉东　马仁凤　2016　《谈话节目话轮转换的韵律特征分析——以〈鲁豫有约〉为例》，载方梅主编《互动语言学与汉语研究》第一辑，世界图书出版公司。

邓凌云　2005　《简析流水句的小句间联结手段》，《湖南科技学院学报》第 8 期。

董秀芳　2003a　《"X 说"的词汇化》，《语言科学》第 2 期。

董秀芳　2003b　《北京话名词短语前阳平"一"的语法化倾向》，载吴福祥、洪波主编《语法化与语法研究》（一），商务印书馆。

董秀芳　2004a　《"是"的进一步语法化：由虚词到词内成分》，《当代语言学》第 1 期。

董秀芳　2004b　《汉语的词库与词法》，北京大学出版社。

董秀芳　2005　《移情策略与言语交际中代词的非常规用法》，载齐沪扬主编《现代汉语虚词研究与对外汉语教学》，复旦大学出版社。

董秀芳　2007　《汉语书面语中的话语标记"只见"》，《南开语言学刊》第 2 期。

范方莲　1963　《存在句》，《中国语文》第 5 期。

范继淹　1985　《无定 NP 主语句》，《中国语文》第 5 期。

方　迪　2018　《汉语口语中的评价表达研究——基于互动视角》，中国社会科学院研究生院博士学位论文。

方　迪　谢心阳　2018　《〈互动语言学：社会互动中的语言研究〉介绍》，载方梅、曹秀玲主编《互动语言学与汉语研究》第二辑，社会科学文献出版社。

方　梅　1985　《关于复句中分句主语省略的问题》，《延边大学学报（社会科学版）》第 1 期；又见中国人民大学复印资料《汉语言文字学》，1986 年第 1 期。

方　梅　1991　《具有提示作用的"是"字句》，《中国语文》第 5 期。

方　梅　1994　《北京话句中语气词的功能研究》，《中国语文》第 5 期。

方　梅　2000a　《从"V 着"看汉语不完全体的功能特征》，《语法研究和探索》（九），商务印书馆。

方　梅　2000b　《自然口语中弱化连词的话语标记功能》，《中国语文》第 5 期。

方　梅　2002　《指示词"这"和"那"在北京话中的语法化》，《中国语文》第 4 期。

方　梅　2004　《汉语口语后置关系从句研究》，《庆祝〈中国语文〉创刊五十周年学术论文集》，商务印书馆。

方　梅　2005a　《篇章语法与汉语篇章语法研究》，《中国社会科学》第 6 期。

方　梅　2005b　《认证义谓宾动词的虚化——从谓宾动词到语用标记》，《中国语文》第 6 期。

方　梅　2006　《北京话里"说"的语法化——从言说动词到从句标记》，《中国方言学报》第 1 期，商务印书馆。

方　梅　2007　《语体动因对句法的塑造》，《当代修辞学》第 6 期。

方　梅　2008　《由背景化触发的两种句法结构——主语零形反指和描写性关系从句》，《中国语文》第 4 期。

方　梅　2009　《北京话人称代词的虚化》，载吴福祥、崔希亮主编《语法化与语法研究》（四），商务印书馆。

方　梅　2011　《北京话的两种行为指称形式》，《方言》第 4 期。

方　梅　2012　《会话结构与连词的浮现义》，《中国语文》第 6 期。

方　梅　2013a　《助动词在汉语口语中的虚化》，《木村英树还历记念 - 中国语文法论丛》，日本：白帝社。

方　梅　2013b　《说"还是"——祈愿情态的浮现》，《语言暨语言学》，台湾中研院。

方　梅　2013c　《谈语体特征的句法表现》，《当代修辞学》第 2 期。

方　梅　2015　《北京话儿化词语阴平变调的语法意义》，《语言学论丛》第五十一辑，商务印书馆。

方　梅　2016a　《北京话语气词变异形式的互动功能——以"呀、哪、啦"为例》，《语言教学与研究》第 2 期。

方　梅　2016b　《依附小句的关联模式与句法整合》，《汉语句式问题探索——汉语句式国际学术研讨会论文集》，中国社会科学出版社。

方　梅（主编）　2016　《互动语言学与汉语研究》第一辑，世界图书出版公司。

方　梅　2017a　《负面评价表达的规约化》，《中国语文》第 2 期。

方　梅　2017b　《叙事语篇的衔接与视角表达——以"单说、但见"为例》，《语言教学与研究》第 5 期。

方　梅　2017c　《饰句副词及相关篇章问题》，《汉语学习》第 6 期。

方　梅　2018　《浮现语法：基于汉语口语和书面语的研究》，商务印书馆。

方　梅　2019a　《话本小说的叙事传统对现代汉语语法的影响》，《当代修辞学》第 1 期。

方　梅　2019b　《从话语功能看所谓"无定 NP 主语句"》，《世界汉语教学》第 2 期。

方　梅　宋贞花　2004　《语体差异对使用频率的影响——汉语对话语体关系从句的统计分析》，*Journal of Chinese Language and Computing*，14（2）：113 – 124。

方　梅　乐　耀　2017　《规约化与立场表达》，北京大学出版社。

方　梅　朱庆祥　2015　《中西学术名篇精读·吕叔湘卷·汉语语法分析问题》，中西书局。

傅书灵　2010　《关于古汉语"名而动"的一点思考》，《中国语文》第 5 期。

高增霞　2003　《连动式研究评述》，《聊城大学学报（哲学社会科学版）》第 6 期。

高增霞　2005　《从非句化角度看汉语的小句整合》，《中国语文》第 1 期，人大复印资料《语言文字学》2005 年第 6 期。

高增霞　2006　《现代汉语连动式的语法化视角》，中国档案出版社。

古川裕　1989　《副词修饰"是"字情况考察》，《中国语文》第 1 期。

何自然　1988　《语用学概论》，湖南教育出版社。

贺　阳　1994　《汉语完句成分试探》，《语言教学与研究》第 4 期。

洪　波　2008　《周秦汉语"之$_s$"的可及性及相关问题》，《中国语文》第 4 期。

胡明扬　劲松　1989　《流水句初探》，《语言教学与研究》第 4 期。

黄河　1990　《常见副词共现时的顺序》，《缀玉集》，北京大学出版社。

黄南松　1994　《试论短语自主成句所应具备的若干语法范畴》，《中国语文》第 6 期。

黄南松　1996　《论存在句》，《汉语学习》第 4 期。

金廷恩　1999　《汉语完句成分说略》，《汉语学习》第 6 期。

克里斯特尔（编）　2011　《现代语言学词典》，沈家煊译，商务印书馆。

孔令达　1994　《影响汉语句子自足的语言形式》，《中国语文》第 6 期。

赖先刚　1994　《副词的连用问题》，《汉语学习》第 2 期。

黎锦熙　1924　《新著国语文法》，商务印书馆。

李爱军　2005　《友好语音的声学分析》，《中国语文》第 5 期。

李爱军　2008　《情感重音研究》，《中国语音学报》第一辑，商务印书馆。

李劲荣　2016　《"无定居后"与"无定居首"——汉语存在句的两种形式》，《世界汉语教学》第 2 期。

李晋霞　刘云　2003　《从"如果"与"如果说"的差异看"说"的传信义》，《语言科学》第 4 期。

李临定　1986　《现代汉语句型》，商务印书馆。

李敏　2005　《"N 的 V"指称事件》，《河南大学学报（社会科学版）》45 卷第 3 期。

李讷　S. A. Thompson　R. M. Thompson　1994　《已然体的话语理据：汉语助词"了"》，戴浩一、薛凤生主编《功能主义与汉语语法》，北京语言学院出版社。

李泉　1996　《副词和副词的再分类》，载胡明扬主编《词类问题考察》，北京语言学院出版社。

李泉　2002　《从分布上看副词的再分类》，《语言研究》第 2 期。

李先银　2016　《话语否定与话语否定标记"你看你"》，《南开语言学刊》第一辑，商务印书馆。

李先银　2017　《现代汉语话语否定标记研究》，世界图书出版公司。

李佐丰　1994　《文言实词》，语文出版社。

廖秋忠　1984　《现代汉语中动词支配成分的省略》，《中国语文》第 4 期；又见《廖秋忠文集》，北京语言学院出版社，1992。

廖秋忠　1986a　《现代汉语篇章中的指同表达》，《中国语文》第 2 期；又见《廖秋忠文集》，北京语言学院出版社，1992。

廖秋忠　1986b　《现代汉语篇章中的连接成分》，《中国语文》第 6 期。

廖秋忠　1986c　《篇章中的框—棂关系所指的确定》，《语法研究和探索》（三），北京大学出版社；又见《廖秋忠文集》，北京语言学院出版社，1992。

廖秋忠　1987　《篇章中的管界问题》，《中国语文》第 4 期。

廖秋忠　1991　《篇章与语用和句法研究》，《语言教学与研究》第 4 期。

林大津　谢朝群　2003　《互动语言学的发展历程及其前景》，《现代外语》第 4 期。

林裕文　1984　《偏正复句》，上海教育出版社。

刘安春　张伯江　2004　《篇章中的无定名词主语句及相关句式》，*Journal of Chinese and Computing Language*，14（2）：97 – 105.

刘丹青　2002　《汉语类指成分的语义属性和句法属性》，《中国语文》第 5 期。

刘乐宁　2005　《文体、风格与语篇连接》，载冯胜利、胡文泽编《对外汉语书面语教学与研究的最新发展》（哈佛大学高年级对外汉语教学研讨会论文集），北京语言大学出版社。

刘小辉　2012　《副词的分布及其跨语体的语义—功能分析》，中国社会科学院研究生院硕士学位论文。

刘娅琼　陶红印　2011　《汉语谈话中否定反问句的事理立场功能及类型》，《中国语文》第 2 期

刘月华　1983　《状语的分布和多项状语的顺序》，《语法研究和探索》（一），商务印书馆。

龙果夫　1958　《现代汉语语法研究》，科学出版社。

陆俭明　1980　《汉语口语里的易位现象》，《中国语文》第 1 期。

陆俭明　1982a　《现代汉语副词独用刍议》，《语言教学与研究》第 2 期。

陆俭明　1982b　《汉语口语句法里的易位现象》，《中国语文》第 3 期。

陆俭明　1983　《副词独用考察》，《语言研究》第 2 期。

陆镜光　2000　《句子成分的后置与话轮交替机制中的话轮后续手段》，《中国语文》第 4 期。

陆镜光　2002　《在进行中的句子中辨识句末》，载邵敬敏、徐烈炯主编《汉语语法研究的新拓展》（一），浙江教育出版社。

陆镜光　2004a　《说延伸句》，载《庆祝 < 中国语文 > 创刊 50 周年学术论文集》，商务印书馆。

陆镜光　2004b　《延伸句的跨语言对比》，《语言教学与研究》第 6 期。

罗耀华　2007　《副词性非主谓句成句问题研究》，华中师范大学博士学位论文。

罗耀华　牛　利　2009　《"再说"的语法化》，《语言教学与研究》第 1 期。

吕吉宁　2004　《"有"字句语法化考察》，北京语言大学硕士学位论文。

吕叔湘　1940［1990］　《释 < 景德传灯录 > 中在、著二助词》，《吕叔湘文集（第二卷）》，《汉语语法论文集》，商务印书馆，1990。

吕叔湘　1944　《个字的应用范围，附论单位词前一字的脱落》，见《汉语语法论文集》，商务印书馆，1984；《吕叔湘文集》（第二卷），商务印书馆，1990。

吕叔湘　1944［1982］　《中国文法要略》，商务印书馆。

吕叔湘　1979　《汉语语法分析问题》，商务印书馆。

吕叔湘　1985　《近代汉语指代词》，江蓝生补，学林出版社；商务印书馆，2017。

吕叔湘（主编）　1982　《现代汉语八百词》（修订本），商务印书馆。

马建忠　1898［1983］　《马氏文通》，商务印书馆。

内田庆市　1989［1993］　《汉语的"无定名词主语句"——另外一种"存现句"》，原载《福井大学教育学部纪要》37。中文版见大河内康宪、施光亨主编《日本近、现代汉语研究论文选》，北京语言学院出版社，1993年。

潘国英　2010　《现代汉语状语语序研究》，华东师范大学博士学位论文。

彭小川　1999　《论副词"倒"的语篇功能——兼论对外汉语语篇教学》，《北京大学学报（哲学社会科学版）》第 5 期。

朴惠京　2011　《词汇化形式"高频双音节能愿动词 + 说/是"》，《世界汉语教学》第 4 期。

齐沪扬　1987　《浅谈单音副词的重叠》,《中国语文》第 4 期。

齐沪扬　2002　《情态语气范畴中语气词的功能分析》,《南京师范大学文学院学报》第 3 期。

齐沪扬　2003　《语气副词的语用功能分析》,《语言教学与研究》第 1 期。

屈承熹　1991　《汉语副词的篇章功能》,《语言教学与研究》第 2 期。

屈承熹　2000　《话题的表达形式与语用关系》,《现代中国语研究》（日本）第 1 期。

屈承熹　2006　《汉语篇章语法》（*A Discourse Grammar of Mandarin Chinese*）,潘文国等译,北京语言大学出版社。

申　丹　2004　《叙述学与小说文体学研究》（第三版）,北京大学出版社。

申　丹　王丽亚　2010　《西方叙事学：经典与后经典》,北京大学出版社。

沈家煊　1989　《不加说明的话题——从"对答"看"话题—说明"》,《中国语文》第 5 期。

沈家煊　1990　《语用学和语义学的分界》,《外语教学与研究》第 2 期。

沈家煊　1994　《"语法化"研究综观》,《外语教学与研究》第 4 期。

沈家煊　1998　《语用法的语法化》,《福建外语》第 2 期。

沈家煊　1999　《语法化和形义间的扭曲关系》,石锋、潘悟云主编《中国语言学的新拓展》,香港城市大学出版社。

沈家煊　2001　《语言的"主观性"和"主观化"》,《外语教学与研究》第 4 期。

沈家煊　2003a　《复句三域"行、知、言"》,《中国语文》第 3 期。

沈家煊　2003b　《如何处置"处置式"——论把字句的主观性》,《中国语文》第 5 期。

沈家煊　2012　《"零句"和"流水句"——为赵元任先生诞辰 120 周年而作》,《中国语文》第 5 期。

沈家煊　2016　《序》,载方梅主编《互动语言学与汉语研究》第一辑,世界图书出版公司。

沈家煊　完　权　2009　《也谈"之字结构"和"之"字的功能》，《语言研究》第 4 期。

沈家煊　王冬梅　2000　《"N 的 V"和"参照体—目标"构式》，《世界汉语教学》第 4 期。

沈　炯　1992　《汉语语调模型刍议》，《语文研究》第 4 期。

沈　炯　1994　《汉语语调构造和语调类型》，《方言》第 3 期。

石定栩　1999　《主题句研究》，载徐烈炯主编《共性与个性——汉语语言学中的争议》，北京语言文化大学出版社。

史金生　2003　《语气副词的范围、类别和共现顺序》，《中国语文》第 1 期。

史有为　1995　《主语后停顿与话题》，《中国语言学报》第 5 期。

史有为　1997　《完句和完句标志》，见《汉语如是观》，北京语言文化大学出版社。

司红霞　2003　《完句成分在对外汉语教学中的运用》，《汉语学习》第 5 期。

宋　柔　2013　《汉语篇章话题广义话题结构的流水句模型》，《中国语文》第 6 期。

宋绍年　张　雁　1997　《古汉语谓词性成分的指称化与名词化》，载《第二届国际古汉语语法研讨会论文集》，语文出版社。

宋作艳　陶红印　2008　《汉英因果复句顺序的话语分析与比较》，《汉语学报》第 4 期。

孙朝奋　1988　《汉语数量词在话语中的功能》（The discourse function of numeral classifiers in Mandarin Chinese. 原载 *Journal of Chinese Linguistics* 16（2）：298 – 323），徐赳赳译；又见戴浩一、薛凤生主编《功能主义与汉语语法》，北京语言学院出版社，1994。

孙朝奋　1994　《〈虚化论〉评介》，《国外语言学》第 4 期。

孙朝奋　Tamly Givón　1985　《论汉语普通话的所谓"主宾动"词序——语篇定量研究及其意义》（On the so-called SVO word order in Mandarin Chinese：A quantified text study and its implications. 原载 *Language* 61（2）：329 – 351）；又见戴浩一、薛凤生主编《功能主义与汉语语法》，北京语言学院出版社，1994。

孙锡信 1999 《近代汉语语气词——汉语语气词的历时考察》，语文出版社。

太田辰夫 1958 《中国语历史文法》，蒋绍愚、徐昌华译，北京大学出版社，1987。

太田辰夫 1988 《汉语史通考》，江蓝生、白维国译，重庆出版社，1991。

谭君强 2014 《叙事学导论——从经典叙事学到后经典叙事学》（第二版），高等教育出版社。

陶红印 1994 《言谈分析、功能主义及其在汉语语法研究中的应用》，载石锋编《海外中国语言学研究》，语文出版社。

陶红印 1999 《试论语体分类的语法学意义》，《当代语言学》第3期。

陶红印 2000 《从"吃"看动词论元结构的动态特征》，《语言研究》第3期。

陶红印 2002 《汉语口语叙事体关系从句结构的语义和篇章属性》，《现代中国语研究》（*Contemporary Research on Modern Chinese*）（日本）第4期。

陶红印 2003 《从语音、语法和话语特征看"知道"格式在谈话中的演化》，《中国语文》第4期。

陶红印 2007 《操作语体中动词论元结构的实现及语用原则》，《中国语文》第1期。

陶红印 刘娅琼 2010 《从语体差异到语法差异（上、下）——以自然会话与影视对白中的把字句、被动结构、光杆动词句、否定反问句为例》，《当代修辞学》第1、2期。

陶红印 张伯江 2000 《无定式把字句在近现代汉语里的地位问题及其理论意义》，《中国语文》第5期。

陶建华 许晓颖 2003 《面向情感的语音合成系统》，载《第一届中国情感计算及智能交互学术会议论文集》。

完权 2018 《零句是汉语中语法与社会互动的根本所在》，载方梅、曹秀玲主编《互动语言学与汉语研究》第二辑，社会科学文献出版社。

王艾录 1990 《汉语成句标准思考》，《山西大学学报》第4期。

王灿龙 2000 《人称代词"他"的照应功能研究》，《中国语文》第3

期。

王灿龙　2003　《制约无定主语句使用的若干因素》，《语法研究和探索》（十二），商务印书馆。

王灿龙　2009　《一个濒于消亡的主观性标记词——想是》，《当代语言学》第 1 期。

王冬梅　2002　《"N 的 V"结构中 V 的性质》，《语言教学与研究》第 4 期。

王洪君　1987　《汉语自指的名词化标记"之"的消失》，《语言学论丛》第十四辑，商务印书馆。

王洪君　李　榕　乐　耀　2009　《"了₂"与话主显身的主观近距交互式语体》，《语言学论丛》第四十辑，商务印书馆。

王红旗　2001　《指称论》，南开大学博士学位论文。

王红旗　2014　《汉语主语、宾语的有定与无定》，《语言学论丛》第五十辑，商务印书馆。

王健慈　王健昆　2000　《主语前后副词的位移》，载陆俭明主编《面临新世纪挑战的现代汉语语法研究——'98 现代汉语语法学国际会议论文集》，山东教育出版社。

王建国　2007　《论话题的延续：汉英话题链的对比研究》，北京外国语大学博士学位论文。

王　力　1980　《汉语史稿》（中册），中华书局。

王　力　1989　《汉语语法学史》，商务印书馆。

王秀丽　2008　《话语范围导入词——对存现句的语篇分析》，《外语教学与研究》第 5 期。

文　炼　1992　《句子的理解策略》，《中国语文》第 4 期。

吴福祥　2004　《近年来语法化研究的新进展》，《外语教学与研究》第 1 期。

吴竞存　梁伯枢　1992　《现代汉语句法结构与分析》，语文出版社。

肖治野　沈家煊　2009　《"了₂"的行、知、言三域》，《中国语文》第 6 期。

谢心阳　2016　《互动语言学的理论探索——〈面向互动语言学的语法研究〉介绍》，载方梅主编《互动语言学与汉语研究》第一辑，世界图书出版公司。

谢心阳　方　梅　2016　《汉语自然口语中弱化连词的韵律表现》，载方梅主编《互动语言学与汉语研究》第一辑，世界图书出版公司。

邢福义　1985　《复句与关系词语》，黑龙江人民出版社。

邢福义　2001　《汉语复句研究》，商务印书馆。

熊仲儒　2008　《汉语中无定主语句的允准条件》，《安徽师范大学学报（哲学社会科学版）》，第 5 期。

熊子瑜　林茂灿　2004　《"啊"的韵律特征及其话语交际功能》，《当代语言学》第 2 期。

徐　杰　2005　《主语成分、"话题"特征及相应的语言类型》，徐杰主编《汉语研究的类型学视角》，北京语言大学出版社。

徐晶凝　2009　《时体研究的语篇、情态整合视角》，《语言学论丛》第四十辑，商务印书馆。

徐晶凝　2012　《过去已然事件句对"了$_1$""了$_2$"的选择》，《语言学论丛》第四十五辑，商务印书馆。

徐赳赳　1990　《叙述文中"他"的话语分析》，《中国语文》第 5 期。

徐赳赳　1995　《话语分析二十年》，《外语教学与研究》第 1 期。

徐赳赳　2001　《〈汉语话语语法〉介绍》，《外语教学与研究》第 5 期。

徐赳赳　2003　《现代汉语篇章回指研究》，中国社会科学出版社。

徐赳赳　2005　《现代汉语联想回指分析》，《中国语文》第 3 期。

徐赳赳　2010　《现代汉语篇章语言学》，商务印书馆。

徐烈炯　2002　《汉语是话语概念结构化语言吗?》，《中国语文》第 5 期。

徐烈炯　刘丹青　1998［2007］　《话题的结构与功能》，上海教育出版社。

徐烈炯　刘丹青（主编）2003　《话题与焦点新论》，上海教育出版社。

许余龙　1996　《汉英篇章中句子主题的识别》，《外国语》第 3 期。

许余龙　2003　《汉语主从句间的回指问题》，《当代语言学》第 2 期。

许余龙　2004　《篇章回指的功能语用探索———一项基于汉语民间故事和报刊语料的研究》，上海外语教育出版社。

许余龙　2005　《从回指确认的角度看汉语叙述体篇章中的主题标示》，《当代语言学》第 2 期。

许余龙　2007　《话题引入与语篇回指———一项基于民间故事语料的英汉对比研究》，《外语教学》第 6 期。

玄　玥　2011　《"说"的一种新用法——客观叙述标记词》,《汉语学报》第2期。

杨成凯　2003　《汉语中的主语》,载徐烈炯、刘丹青主编《话题与焦点新论》,上海教育出版社。

杨德峰　2006　《时间副词作状语位置的全方位考察》,《语言文字应用》第2期。

杨德峰　2009　《语气副词作状语的位置》,《汉语学习》第5期。

杨素英　2000　《数量词"一"在中英文中不同的语义功能》,载陆俭明主编《面临新世纪挑战的现代汉语语法研究——'98现代汉语语法学国际学术会议论文集》,山东教育出版社。

袁毓林　2002a　《多项副词共现的语序原则及其认知解释》,《语言学论丛》第二十六辑,商务印书馆。

袁毓林　2002b　《汉语话题的语法地位和语法化程度——基于真实口语的历时和共时考量》,《语言学论丛》第二十五辑,商务印书馆;又见徐烈炯、刘丹青主编《话题与焦点新论》,上海教育出版社,2003。

乐　耀　2011a　《现代汉语引证类传信语"据说"和"听说"的使用差异》,《语言学论丛》第四十三辑,商务印书馆。

乐　耀　2011b　《汉语传信的范畴及其与相关语言范畴的互动研究》,北京大学博士学位论文。

乐　耀　2011c　《从"不是我说你"类话语标记的形成看会话中主观性范畴与语用原则的互动》,《世界汉语教学》第1期。

乐　耀　2016　《从互动交际的视角看让步类同语式评价立场的表达》,《中国语文》第1期。

乐　耀　2017　《互动语言学研究的重要课题——会话交际的基本单位》,《当代语言学》第2期。

乐　耀　2019　《交际互动、社会行为和对会话序列位置敏感的语法——〈日常言谈中的语法:如何构建回应行为〉述评》,《语言学论丛》即出,商务印书馆。

讃井唯允　1993　《语用上的具体化与一般化——从所谓"无定NP主语句"与"存现句"说起》,原载东京都立大学文学部《人文学报》,234。中文版见大河内康宪、施光亨主编《日本近、现代汉语研究论文选》,北京语言学院出版社。

詹开第　1981　《有字句》,《中国语文》第 1 期。

詹卫东　1998　《"NP＋的＋VP"偏正结构在组句谋篇中的特点》,《语文研究》第 1 期。

张伯江　1993　《"N 的 V"结构的构成》,《中国语文》第 4 期。

张伯江　2000　《汉语连动式的及物性解释》,《语法研究和探索》(九),商务印书馆。

张伯江　2010　《汉语限定成分的语用属性》,《中国语文》第 3 期。

张伯江　方　梅　1996　《汉语功能语法研究》,江西教育出版社;商务印书馆,2014。

张健军　2004　《现代汉语完句问题探讨》,东北师范大学硕士学位论文。

张　俐　1997　《不能后移的句首状语试析》,《河南大学学报(社会科学版)》第 3 期。

张　俐　1999　《可以后移的句首状语试析》,《河南大学学报(社会科学版)》第 5 期。

张美兰　陈思羽　2006　《清末民初北京口语中的话题标记——以 100 多年前几部域外汉语教材为例》,《世界汉语教学》第 2 期。

张　敏　2003　《从类型学看上古汉语定语标记"之"语法化的来源》,载吴福祥主编《语法化与语法研究》(一),商务印书馆。

张新华　2007　《与无定名词主语句相关的理论问题》,《北京大学学报(哲学社会科学版)》第 5 期。

章　也　任晓彤　2004　《试论汉语中的"N＋的＋V"结构和"N＋之＋V"结构》,《内蒙古师范大学学报(哲学社会科学版)》第 1 期。

张谊生　1996　《副词的连用类别和共现顺序》,《烟台大学学报》第 2 期。

张谊生　2000a　《现代汉语副词的性质、范围与分类》,《语言研究》第 1 期。

张谊生　2000b　《现代汉语副词研究》,学林出版社;商务印书馆,2014。

张谊生　2003　《"副＋是"的历时演化和共时变异——兼论现代汉语"副＋是"的表达功用和分布范围》,《语言科学》第 3 期。

张谊生　2004　《现代汉语副词探索》,学林出版社。

张豫峰　2009　《现代汉语使动句的完句成分考察》,《复旦学报(社会科学版)》第 3 期。

赵元任　1929　《北平语调的研究》，《最后5分钟》附录，中华书局；又见《赵元任语言学论文集》，商务印书馆，2002。

赵元任　1932　《国语语调》（1932年2月8日演讲词），《广播周报》第23期；又见《国语周刊》第214期，1935年；又见《赵元任语言学论文集》，商务印书馆，2002。

赵元任　1933　《汉语的字调跟语调》，《中央研究院史语所集刊》第4本第3分册；又见《赵元任语言学论文集》，商务印书馆，2002。

赵元任　1979　《汉语口语语法》，吕叔湘译，商务印书馆。

郑贵友　2001　《关联词"再说"及其篇章功能》，《世界汉语教学》第4期。

郑娟曼　张先亮　2009　《责怪式话语标记"你看你"》，《世界汉语教学》第4期。

周晨磊　2012　《从语篇到人际——"话说"的意义和功能演变》，《世界汉语教学》第5期。

周士宏　申　莉　2017《汉语中的"无定名词主语句"及相关的"有"字呈现句》，《励耘学刊》第5期。

朱德熙　1982　《语法讲义》，商务印书馆。

朱德熙　1983　《自指和转指——汉语名词化标记"的、者、所、之"的语法功能和语义功能》，《方言》第1期。

朱德熙　1987　《句子和主语——印欧语影响现代书面汉语和汉语句法分析的一个实例》，《世界汉语教学》创刊号。

朱　军　2014　《反问格式"X什么X"的立场表达功能考察》，《汉语学习》第3期。

朱庆祥　2012　《现代汉语小句的依存性与关联性——基于分语体语料库的研究》，中国社会科学院研究生院博士学位论文。

Amiridze, Nino, Boyd H. Davis and Margaret Maclagan (eds.) 2010 *Fillers, Pauses and Placeholders*. Amsterdam: John Benjamins.

Argyle, Michael 1972 Non-verbal communication in human social interaction. In Robert A. Hinde (ed.), *Non-verbal Communication*. Cambridge: Cambridge University Press.

Ariel, Mira 1988 Referring and accessibility. *Journal of Linguistics* 24: 65–87.

Ariel, Mira 1990 *Accessing Noun-phrase Antecedents*. London and New York: Routledge.

Ariel, Mira 1991 The function of accessibility in a theory grammar. *Journal of Pragmatics* 16: 443 – 463.

Ariel, Mira 1994 Interpreting anaphoric expressions: A cognitive versus a pragmatic approach. *Journal of Linguistics* 30: 3 – 42.

Asher, Nicholas 2004 Discourse Topic. *Theoretical Linguistics* 30 (1): 163 – 201.

Atkinson, J. Maxwell 1984 Public speaking and audience responses: Some techniques for inviting applause. In J. Maxwell Atkinson and John Heritage (eds.), *Structure of Social Action: Studies in Conversation Analysis*. Cambridge: Cambridge University Press, 370 – 409.

Atkinson, J. Maxwell and John Heritage (eds.) 1984 *Structures of Social Action: Studies in Conversation Analysis*. Cambridge: Cambridge University Press.

Auer, Peter 1996 On the prosody and syntax of turn-taking. In Elizabeth Couper-Kuhlen and Margret Selting (eds.), *Prosody and Conversation*. Cambridge: Cambridge University Press, 57 – 100.

Auer, Peter, Elizabeth Couper-Kuhlen and Frank Muller 1999 *Language in Time: The Rhythm and Tempo of Spoken Interaction*. Oxford: Oxford University Press.

Austin, John L. 1962 *How to Do Things with Words*. Oxford: Clarendon Press.

Bakhtin, Mikhail 1934/1981 *The Dialogic Imagination: Four Essays by Mikhail Bakhtin*. Austin, Texas: University of Texas Press.

Barth-Weingarten, Dagmar, Elisabeth Reber and Margret Selting (eds.) 2010 *Prosody in Interaction*. Amsterdam: John Benjamins.

Beauvais, Paul 1989 A speech-act theory of metadiscourse. *Written Communication* 6 (1): 11 – 30.

Bergmann, Pia, Jana Brenning, Martin Pfeiffer and Elisabeth Reber (eds.) 2012 *Prosody and Embodiment in Interactional Grammar*. Berlin: de Gruyter.

Bernardo, Robert 1979 The function and content of relative clauses in spontaneous narratives. *Proceedings of Fifth Annual Meeting of the Berkeley Linguistics Society*, 539 – 551.

Biq，Yung-O 1990 The Chinese third-person pronoun in spoken discourse. *Proceedings of the* 26*th Annual Meeting of the Chicago Linguistic Society*，61 – 72.

Biq，Yung-O 1991 The multiple uses of the second person singular pronoun *ni* in conversational Mandarin. *Journal of Pragmatics* 16：307 – 321.

Biq，Yung-O 2000 Recent developments in discourse and grammar. *Chinese Studies* 18：357 – 394.

Biq，Yung-O，James H. -Y. Tai and Sandra A. Thompson 1996 Recent development in functional approaches to Chinese. In James Huang and Audrey Li（eds. ），*New Horizons in Chinese Linguistics*. Dordrecht：Kluwer，97 – 140.

Bolinger，Dwight 1977 *Meaning and Form*. London and New York：Longman.

Brazil，David 1995 *A Grammar of Speech*. Oxford：Oxford University Press.

Brinton，Laurel J. 1996 *Pragmatic Markers in English：Grammaticalization and Discourse Functions*. Berlin：Mouton de Gruyter.

Brinton，Laurel J. and Elizabeth C. Traugott 2005 *Lexicalization and Language Changes*. Cambridge：Cambridge University Press.

Brown，Gillian and George Yule 1983 *Discourse Analysis*. Cambridge：Cambridge University Press.

Bussmann，Hadumod 2000 *Routledge Dictionary of Language and Linguistics*. Beijing：Foreign Language Teaching and Research Press.

Chafe，Wallace 1976 Givenness，contrastiveness，definiteness，subjects，topics，and point of view. In Charles N. Li（ed. ），*Subject and Topic*. New York：Academic Press，25 – 55.

Chafe，Wallace 1979 The flow of thought and the flow of language. In Talmy Givón（ed. ），*Discourse and Syntax*. New York：Academic Press，159 – 181.

Chafe，Wallace 1980 *The Pear Story：Cognitive，Cultural and Linguistic Aspects of Narrative Production*. Norwood，New Jersey：Ablex Publishing Corporation.

Chafe，Wallace 1987 Cognitive constraints on information flow. In R. Tomlin（ed. ），*Coherence and Grounding in Discourse*. Amsterdam：John Benjamins，21 – 51.

Chafe，Wallace 1994 *Discourse，Consciousness，and Time：The Flow and Displacement of Conscious Experience in Speaking and Writing*. Chicago：University of Chicago Press.

Chao, Yuen-Ren 1968 *A Grammar of Spoken Chinese.* Berkeley: University of California Press.

Chen, Ping 1986 *Referent Introducing and Tracking in Chinese Narratives.* PhD dissertation. Los Angeles: University of California, Los Angeles.

Chen, Ping 2004 Identifiability and definiteness in Chinese. *Linguistics* 42 (6): 1129 – 1184.

Chen, Ping 2009 Aspects of referentiality, *Journal of Pragmatics* 41 (8): 1657 – 1674.

Chu, Chauncey 1998 *A Discourse Grammar of Mandarin Chinese.* New York: Peter Lang Publishing.

Comrie, Bernard 1981 *Language Universals and Linguistic Typology.* Chicago: University of Chicago Press.

Couper-Kuhlen, Elizabeth 2012 Some truths and untruths about final intonation in conversational questions. In Jan P. de Ruiter (ed.), *Questions: Formal, Functional and Interactional Perspectives.* Cambridge: Cambridge University Press, 123 – 145.

Couper-Kuhlen, Elizabeth 2014 What does grammar tell us about action? *Pragmatics* 24 (3): 623 – 647.

Couper-Kuhlen, Elizabeth and Cecilia E. Ford (eds.) 2004 *Sound Patterns in Interaction.* Amsterdam: John Benjamins.

Couper-Kuhlen, Elizabeth and Margret Selting (eds.) 1996 *Prosody in Conversation.* Cambridge and New York: Cambridge University Press.

Couper-Kuhlen, Elizabeth and Margret Selting 2001 Introducing Interactional Linguistics. In Margret Selting and Elizabeth Couper-Kuhlen (eds.), *Studies in Interactional Linguistics.* Amsterdam/Philadelphia: John Benjamins, 1 – 22.

Couper-Kuhlen, Elizabeth and Margret Selting 2018 *Interactional Linguistics: Studying Language in Social Interaction.* Cambridge: Cambridge University Press.

Couper-Kuhlen, Elizabeth and Tsuyoshi Ono 2007 ' Incrementing ' in conversation: A comparison of practices in English, German and Japanese. *Pragmatics* 17 (4): 513 – 552.

Couper-Kuhlen, Elizabeth, Barbara A. Fox and Sandra A. Thompson 2014 Forms of responsivity: Grammatical formats for responding to two types of request in conversation. In Susanne Günther, Wolfgang Imo and Jörg Bücker (eds.), *Grammar and Dialogism: Sequential, Syntactic, and Prosodic Patterns between Emergence and Sedimentation*. Berlin: de Gruyter, 109 – 138.

Crismore, Avon, Raija Markkanen and Margaret Steffensen 1993 Metadiscourse in persuasive writing: A study of texts written by American and Finnish university students. *Written Communication* 10 (1): 39 – 71.

Cristofaro, Sonia 2005 *Subordination*. Oxford: Oxford University Press.

Croft, William 1990 *Typology and Universals*. Cambridge: Cambridge University Press.

Croft, William 1995 Intonation units and grammatical structure. *Linguistics* 33 (5): 839 – 882.

Crystal, David 1997/2008 *A Dictionary of Linguistics and Phonetics*. Hoboken, New Jersey: Wiley-Blackwell.

Diessel, Holger 1999 *Demonstratives: Form, Function and Grammaticalization*. Amsterdam: John Benjamins.

Dryer, Matthew S. 1992 The Greenbergian word order correlations. *Language* 68 (1): 81 – 138.

Du Bois, John W. 1980 Beyond definiteness: the trace of identity in discourse. In Wallace L. Chafe (ed.), *The Pear Stories: Cognitive, Cultural, and Linguistic Aspects of Narrative Production*, Norwood: Ablex Publishing Corporation, 203 – 274.

Du Bois, John W. 1985 Competing motivations, In John Haiman (ed.), *Iconicity in Syntax*, John Benjamins Publishing company.

Du Bois, John W. 1987 The discourse basis of ergativity. *Language* 63: 805 – 855.

Du Bois, John W. 2014 Towards a dialogic syntax. *Cognitive Linguistics* 25 (3): 359 – 410.

Du Bois, John W. and Sandra A. Thompson 1993 *Dimensions of a Theory of Information Flow*. University of California, Santa Barbara. MS.

Erbaugh, Mary S. 1987 Psycholinguistic evidence for foregrounding and backgrounding. In Russell S. Tomlinson (ed.) *Coherence and Grounding in Discourse*. Amsterdam: John Benjamins, 109 – 130.

Fang, Mei 2012 The emergence of a definite article in Beijing Mandarin: The evolution of the proximal demonstrative *zhè*. In Zhiqun Xing (ed.), *The Newest Trends in the Study of Grammaticalization and Lexicalization in Chinese*. Berlin: Mouton de Gruyter, 55 – 86.

Fillmore, Charles J. 1997 *Lectures on Deixis*. Stanford: Distributed for Center for the Study of Language and Information Publications.

Finegan, Edward 1995 Subjectivity and subjectivisation: An introduction. In Stein, Dieter and Susan Wright (eds.), *Subjectivity and Subjectivisation: Linguistic Perspectives*. Cambridge: Cambridge University Press, 1 – 15.

Foley, William A. and Robert D. Van Valin 1984 *Functional Syntax and Universal Grammar*. Cambridge: Cambridge University Press.

Ford, Cecilia E. 1993 *Grammar in Interaction: Adverbial Clauses in American English Conversations*. Cambridge: Cambridge University Press.

Ford, Cecilia E. 2002 Denial and the construction of conversational turns. In Joan Bybee and Michael Noonan (eds.), *Complex Sentences in Grammar and Discourse*. Amsterdam: John Benjamins, 61 – 78.

Ford, Cecilia E. , Barbara A. Fox and Sandra A. Thompson 2002 Constituency and the grammar of turn increments. In Cecilia E. Ford, Barbara A. Fox and Sandra A. Thompson (eds.), *The Language of Turn and Sequence*. Oxford: Oxford University Press, 14 – 38.

Ford, Cecilia E. , Sandra A. Thompson and Veronika Drake 2012 Bodily-visual practices and turn continuation. *Discourse Processes* 49 (3 – 4): 192 – 212.

Fox, Barbara A. 2000 Micro-syntax in conversation. Paper presented at *Interactional Linguistics Conference*, Spa.

Fox, Barbara A. 2007 Principles shaping grammatical practices: An exploration. *Discourse Studies* 9: 299 – 318.

Fox, Barbara A. and Robert Jasperson 1995 The syntactic organization of repair. In Philip Davis (ed.), *Descriptive and Theoretical Modes in the New Linguistics*. Amsterdam: John Benjamins, 77 – 134.

Fox, Barbara A. and Sandra A. Thompson 1990a A discourse explanation of the grammar of relative clauses in English conversation. *Language* 66: 297 – 316.

Fox, Barbara A. and Sandra A. Thompson 1990b On formulating reference:

An interactional approach to relative clauses in English conversation. *Pragmatics* 4: 183 – 196.

Fox, Barbara A. and Sandra A. Thompson 2010 Responses to *wh*-questions in English conversation. *Research on Language and Social Interaction* 43 (2): 133 – 156.

Fox, Barbara A., Makoto Hayashi and Robert Jasperson 1996 A cross-linguistic study of syntax and repair. In Elinor Ochs, Emanuel A. Schegloff and Sandra A. Thompson (eds.), *Interaction and Grammar.* Cambridge: Cambridge University Press, 185 – 237.

Fox, Barbara A., Sandra A. Thompson, Cecilia E. Ford and Elizabeth Couper-Kuhlen 2013 Conversation Analysis and linguistics. In Jack Sidnell and Tanya Stivers (eds.), *The Handbook of Conversation Analysis.* Chichester: Wiley-Blackwell, 726 – 740.

Fox, Barbara A., Yael Maschler and Susanne Uhmann 2009 Morpho-syntactic resources for the organization of same-turn self-repair: Cross-linguistic variation in English, German and Hebrew. *Gesprächsforschung* 10: 245 – 291.

Fraser, Bruce 1996 Pragmatic Markers. *Pragmatics* 6: 167 – 190.

Givón, Talmy 1971 Historical syntax and synchronic morphology: An archaeologist's field trip. *Chicago Linguistic Society* 7 (1): 394 – 415.

Givón, Talmy 1979 *On Understanding Grammar.* New York: Academic Press.

Givón, Talmy 1980 The binding hierarchy and the typology of complements. *Studies in Language* 4 (3): 333 – 377.

Givón, Talmy 1983 Topic continuity in discourse: An introduction. In Talmy Givón (ed.), *Topic Continuity in Discourse: A Quantitative Cross-language Study.* Amsterdam: John Benjamins, 1 – 42.

Givón, Talmy 1984/1990 *Syntax: A Functional-typological Introduction*, *Vol. II.* Amsterdam: John Benjamins.

Givón, Talmy 1987 Beyond foreground and background. In Russell S. Tomlin (ed.), *Coherence and Grounding in Discourse.* Amsterdam: John Benjamins, 175 – 188.

Goodwin, Charles 1979 The interactive construction of a sentence in natural conversation. In George Psathas (ed.), *Everyday Language: Studies in Ethnomethodology.* New York: Irvington, 97 – 121.

Goodwin, Charles 1981 *Conversational Organization: Interaction between Speakers and Hearers.* New York: Academic Press.

Goodwin, Charles 1995 Sentence construction within interaction. In Uta M. Quasthoff (ed.), *Aspects of Oral Communication.* Berlin: Walter de Gruyter, 198 – 219.

Goodwin, Marjorie H. 1980 Processes of mutual monitoring implicated in the production of description sequences. *Sociological Inquiry* 50: 303 – 317.

Gumperz, John J. 1982 *Discourse Strategies.* Cambridge: Cambridge University Press.

Gundel, Jeanette K. 1988 Universals of topic-comment structure. In Michael Hammond, Edith A. Moravcsik and Jessica Wirth (eds.), *Studies in Syntactic Typology.* Amsterdam: John Benjamins, 209 – 239.

Haboud, Marleen 1997 Grammaticalization, clause union and grammatical relations in Ecuadorian Highland Spanish. In Talmy Givón (ed.), *Grammatical Relations: A Functionalist Perspective.* Amsterdam/Philadelphia: John Benjamins, 199 – 227.

Haddington, Pentti 2006 The organization of gaze and assessments as resources for stance taking. *Text and Talk* 26: 281 – 328.

Halliday, Michael A. K. 2000 *An Introduction to Functional Grammar* (second edition). Beijing: Foreign Language Teaching and Research Press.

Hawkins, John A. 1990 A parsing theory of word order universals. *Linguistic Inquiry* 21 (2): 223 – 261.

Heath, Christian 1984 Talk and recipiency: Sequential organization in speech and body movement. In J. Maxwell Atkinson and John Heritage (eds.), *Structures of Social Action: Studies in Conversation Analysis.* Cambridge: Cambridge University Press, 247 – 265.

Heath, Christian 1986 *Body Movement and Speech in Medical Interaction.* Cambridge: Cambridge University Press.

Heine, Bernd, Ulrike Claudi and Friedrike Hunnemeyer 1991 *Grammaticalization: A Conceptual Framework.* Chicago: The University of Chicago.

Heine, Bernd and Tania Kuteva 2002 *World Lexicon of Grammaticalization.* Cambridge: Cambridge University Press.

Heritage, John 1998 *Oh*-prefaced responses to inquiry. *Language in Society* 27: 291 – 334.

Heritage, John 2012 Epistemics in action: Action formation and territories of knowledge. *Research on Language and Social Interaction* 45 (1): 1 – 29.

Heritage, John 2015 *Well*-prefaced turns in English conversation: A conversation analytic perspective. *Journal of Pragmatics* 88: 88 – 104.

Himmelmann, Nikolaus P. 1996 Demonstratives in narrative discourse: A taxonomy of universal uses. In Babara A. Fox (ed.), *Studies in Anaphora*. Amsterdam: John Benjamins, 205 – 245.

Hopper, Paul J. 1979 Aspect and foregrounding in discourse. In Talmy Givón (ed.), *Syntax and Semantics*, *Vol. 12: Discourse and Syntax*. New York: Academic Press, 213 – 241.

Hopper, Paul J. 1987 Emergent grammar. *Berkeley Linguistic Society* 13: 139 – 157.

Hopper, Paul J. 1997 Diachronic and typological implications of foregrounding construction. *The International Conference on Historical Linguistics*, Hamburg.

Hopper, Paul J. 2011 Emergent grammar and temporality in interactional linguistics. In Peter Auer and Stefan Pfander (eds.), *Constructions: Emerging and Emergent*. Berlin: Walter de Gruyter, 22 – 44.

Hopper, Paul J. and Elizabeth Closs Traugott 1993 *Grammaticalization*. Cambridge: Cambridge University Press.

Hopper, Paul J. and Sandra A. Thompson 1980 Transitivity in grammar and discourse. *Language* 56 (2): 251 – 299.

Hu, Jianhua, Haihua Pan and Liejiong Xu 2001 Is there a finite vs. nonfinite distinction in Chinese? *Linguistics* 39 (6): 1117 – 1148.

Huang, C. -T. James 1989 Pro drop in Chinese: A generalized control approach. In Osvaldo Jaeggli and Kenneth Safir (eds), *The Null Subject Parameter*, Dordrecht: Kulwer, 185 – 214.

Huang, C. -T. James, Y. -H. Audrey Li and Yafei Li 2009 *The Syntax of Chinese*. Cambridge: Cambridge University Press.

Huang, Shuanfan 1999 The emergence of a grammatical category definite article in spoken Chinese. *Journal of Pragmatics* 31: 77 - 94.

Hyland, Ken 2005 *Metadiscourse: Exploring Interaction in Writing*. London and New York: Continuum.

Jasperson, Robert 2002 Some linguistic aspects of closure cut-off. In Cecilia E. Ford, Barbara A. Fox and Sandra A. Thompson (eds.), *The Language of Turn and Sequence*. Oxford and New York: Oxford University Press, 257 - 286.

Kärkkäinen, Elise and Tiina Keisanen 2012 Linguistic and embodied formats for making (concrete) offers. *Discourse Studies* 14 (5): 587 - 611.

Keenan, Edward L. 1985 Relative clause. In Timothy Shopen (ed.), *Language Typology and Syntactic Description Vol. II: Complex Construction.* Cambridge: Cambridge University Press, 141 - 170.

Keenan, Ochs E. and Bambi Schieffelin 1976 Topic as a discourse notion: A study of topic in the conversation of children and adults. In Charles N. Li (ed.), *Subject and Topic*. New York: Academic Press, 335 - 384.

Kendrick, Kobin H. and Paul Drew 2016 Recruitment: Offers, requests, and the organization of assistance in interaction. *Research on Language and Social Interaction* 49 (1): 1 - 19.

Labov, William 1972 The transforrmation of experience in narrative syntax. In William Labov (ed.), *Language in the Inner City*, Philadelphia: University of Pennsylvania Press, 345 - 396.

Leech, Geoffrey 1983 *Principles of Pragmatics*. London and New York: Longman.

Lehmann, Christian 1988 Towards a typology of clause linkage. In John Haiman and Sandra A. Thompson (eds.), *Clause Combining in Grammar and Discourse*. Amsterdam: John Benjamins, 181 - 225.

Lerner, Gene H. 1987 *Collaborative Turn Sequences: Sentence Construction and Social Action*. PhD dissertation. Irvine: University of California, Irvine.

Lerner, Gene H. 1991 On the syntax of sentences-in-progress. *Language in Society* 20 (3): 441 - 458.

Lerner, Gene H. 2004 On the place of linguistic resource in the organization of talk in interaction: Grammar as action in prompting a speaker to elaborate. *Research on Language and Social Interaction* 37: 151 - 184.

Li, Charles (ed.) 1976 *Subject and Topic*. New York: Academic Press.

Li, Charles and Sandra A. Thompson 1979 Third-person pronouns and zero anaphora in Chinese discourse. In *Syntax and Semantics Vol. 12: Discourse and Syntax*. New York: Academic Press, 311 – 335.

Li, Charles and Sandra A. Thompson 1981 *Mandarin Chinese: A Functional Reference Grammar*. California: University of California Press.

Li, Charles, Sandra A. Thompson and R. McMillan Thompson 1982 The discourse motivation for the perfective aspect: The Mandarin particle *le*. In Paul J. Hopper (ed.), *Tense-Aspect: Between Semantics and Pragmatics*. Amsterdam: John Benjamins: 19 – 44.

Li, Xiaoting 2013 Language and the body in the construction of units in Mandarin face-to-face interaction. In Beatrice Szczepek Reed (ed.), *Units of Talk-Units of Action*. Amsterdam/Philadelphia: John Benjamins, 343 – 375.

Li, Xiaoting 2014a Leaning and recipient intervening questions in Mandarin conversation. *Journal of Pragmatics* 67: 34 – 60.

Li, Xiaoting 2014b *Multimodality, Interaction, and Turn-taking in Mandarin Conversation*. Amsterdam: John Benjamins.

Li, Xiaoting 2016 Some discourse-interactional uses of *yinwei* 'because' and its multimodal production in Mandarin conversation. *Language Sciences* 58: 51 – 78.

Li, Yen-Hui Audrey 1990 *Order and Constituency in Mandarin Chinese*. Dordrecht: Kluwer.

Linell, Per 1998 *Approaching Dialogue: Talk, Interaction and Contexts in Dialogical Perspectives*. Amsterdam: John Benjamins.

Linell, Per 2005 *The Written Language Bias in Linguistics: Its Nature, Origins, and Transformations*. London: Routledge.

Local, John and Gareth Walker 2005 'Mind the gap': Further resources in the production of multi-unit, multi-action turns. *York Papers in Linguistics* Series 2, Issue 1: 133 – 143.

Local, John and Gareth Walker 2012 How phonetic features project more talk. *Journal of the International Phonetic Association* 42 (3): 255 – 280.

Longacre, Robert E. 1983 *The Grammar of Discourse*. New York: Plenum

Press.

Longacre, Robert E. 2007 Sentences as combinations of clauses. In Timothy Shopen (ed.), *Language Typology and Syntactic Description*, *Vol. II: Complex Constructions*. Cambridge: Cambridge University Press, 235 – 286.

Luke, Kang-Kwong, Tsuyoshi Ono and Sandra A. Thompson (eds.) 2012 Turns and increments: A comparative perspective. Special issue. *Discourse Processes* 49 (3 – 4): 155 – 162.

Lyons, John 1977 *Semantics. Vol. 2.* Cambridge: Cambridge University Press.

Lyons, John 1982 Deixis and subjectivity: Loquor, ergo sum? In Robert J. Jarvella and Wolfgang Klein (eds.), *Speech*, *Place*, *and Action: Studies in Deixis and Related Topics*. Chichester and New York: John Wiley, 101 – 124.

Lyons, John 1999 *Definiteness*. Cambridge: Cambridge University Press.

Mann, William C. and Sandra A. Thompson 1987 Rhetorical structure theory: Description and construction of text structures. *Natural Language Generation*. Dordrecht: Springer, 85 – 95.

Maruyama, Akiyo 2003 Japanese *wa* in conversational discourse: A contrast marker. *Studies in Language* 27 (2): 245 – 285.

Matthiessen, Christian and Sandra A. Thompson 1988 The structure of discourse and "subordination". In John Haiman and Sandra A. Thompson (eds.), *Clause Combining in Grammar and Discourse.* Amsterdam: John Benjamlns, 275 – 329.

Mazeland, Harrie 2013 Grammar in conversation. In Jack Sidnell and Tanya Stivers (eds.), *The Handbook of Conversation Analysis.* Chichester: Wiley-Blackwell, 475 – 491.

Miller, Jim and Regina Weinert 1998 *Spontaneous Spoken Language: Syntax and Discourse.* Oxford: Clarendon Press.

Mondada, Lorenza 2006 Participants' online analysis and multimodal practices: Projecting the end of the turn and the closing of the sequence. *Discourse Studies* 8 (1): 117 – 129.

Ochs, Elinor and Bambi Schieffelin 1989 Language has a heart. *Text and Talk* (9): 7 – 26.

Ochs, Elinor, Emanuel A. Schegloff and Sandra A. Thompson (eds.) 1996

Interaction and Grammar. Cambridge：Cambridge University Press.

Ogden, Richard A. 2006 Phonetics and social action in agreements and disagreements. *Journal of Pragmatcis* 38 （10）：1752 – 1775.

Ogden, Richard A. 2013 Clicks and percussives in English conversation. *Journal of the International Phonetic Association* 43 （3）：299 – 320.

Ono, Tsuyoshi and Sandra A. Thompson 1994 Unattached NPs in English conversation. *Proceedings of the 20th Annual Meeting of the Berkeley Linguistics Society* 20：402 – 419.

Ono, Tsuyoshi and Sandra A. Thompson 1995 What can conversation tell us about syntax? In Philip W. Davis （ed. ）, *Alternative Linguistics：Descriptive and Theoretical Modes.* Amsterdam：John Benjamins, 213 – 271.

Ono, Tsuyoshi and Sandra A. Thompson 2017 Negative scope, temporality, fixedness, and right-and left-branching：Implications for typology and cognitive processing. *Studies in Language* 41 （3）：543 – 576.

Ono, Tsuyoshi, Sandra A. Thompson and Ryoko Suzuki 2000 The pragmatic nature of the so-called subject marker *ga* in Japanese：Evidence from conversation. *Discourse Studies* 2 （1）：55 – 84.

Payne, Thomas E. 1997 *Describing Morphosyntax：A Guide for Field Linguistics.* Cambridge：Cambridge University Press.

Rauniomaa, Mirka and Tiina Keisanen 2012. Two multimodal formats for responding to requests. *Journal of Pragmatics* 44 （6 – 7）：829 – 842.

Raymond, Geoffrey 2000 *The Structure of Responding：Conforming and Nonconforming Responses to Yes/No Type Interrogatives.* PhD dissertation. Los Angeles：University of California, Los Angeles.

Raymond, Geoffrey 2003 Grammar and social organization：Yes/no interrogatives and the structure of responding. *American Sociological Review* 68：939 – 967.

Raymond, Geoffrey 2010 Grammar and social relations：Alternative forms of *yes/no*-type initiating actions in health visitor interactions. In Alice F. Freed and Susan Ehrlich （eds. ）, '*Why Do You Ask?*' *The Function of Questions in Institutional Discourse.* New York：Oxford University Press, 87 – 107.

Raymond, Geoffrey 2013 On the relevance of 'slots' in type-conforming responses to polar interrogatives. In Beatrice S. Reed and Geoffrey Raymond （eds. ）,

Units of Talk-Units of Action. Amsterdam: John Benjamins, 169 – 206.

Reinhart, Tanya 1984 Principles of gestalt perception in the temporal organization of narrative texts. *Linguistics* 22: 779 – 809

Rett, Jessica and Sarah E. Murray 2013 A semantic account of mirative evidentials. *Proceedings of SALT* 23: 453 – 472.

Richards, Jack C. and Richard W. Schmidt 2000 *Longman Dictionary of Language Teaching and Applied Linguistics.* Beijing: Foreign Language Teaching and Research Press.

Sacks, Harvey, Emanuel A. Schegloff and Gail Jefferson 1974 A simplest systematics for the organization of turn-taking for conversation. *Language* 50 (4): 696 – 735.

Schegloff, Emanuel A. 1984 On some gestures' relation to talk. In J. Maxwell Atkinson and John Heritage (eds.), *Structures of Social Action: Studies in Conversation Analysis.* Cambridge: Cambridge University Press, 266 – 295.

Schegloff, Emanuel A. 1996 Tum organization: One intersection of grammar and interaction. In Elinor Ochs, Emanuel A. Schegloff and Sandra A. Thompson (eds.), *Interaction and Grammar.* Cambridge: Cambridge University Press, 52 – 133.

Schegloff, Emanuel A. and Gene H. Lerner 2009 Beginning to respond: *Well*-prefaced responses to *wh*-questions. *Research on Language and Social Interaction* 42: 91 – 115.

Schiffrin, Deborah 1987 *Discourse Markers.* Cambridge: Cambridge University Press.

Schiffrin, Deborah 1994 Making a list. *Discourse Processes* 17: 377 – 406.

Selting, Margret and Elizabeth Couper-Kuhlen (eds.) 2001 *Studies in Interactional Linguistics.* Amsterdam: John Benjamins.

Shi, Dingxu 1989 Topic chain as a syntactic category. *Journal of Chinese Linguistics*, 17 (2): 223 – 262.

Shi, Dingxu 2000 Topic and topic-comment construction in Mandarin Chinese. *Language* 76 (2): 383 – 408.

Shibatani, Masayoshi 1991 Grammaticalization of topic into subject. In Elizabeth C. Traugott and Bernd Heine (eds.), *Approaches to Grammaticalization.*

Amsterdam: John Benjamins, 93 – 133.

Sorjonen, Marja-Leena 2001 Simple answers to yes-no questions: The case of Finnish. In Margret Selting and Elizabeth Couper-Kuhlen (eds.), *Studies in Interactional Linguistics*. Amsterdam: John Benjamins, 405 – 432.

Sorjonen, Marja-Leena 2001 *Responding in Conversation: A Study of Response Particles in Finnish*. Amsterdam: John Benjamins.

Sperber, Dan and Deirdre Wilson 1986 *Relevance: Communication and Cognition*. London: Basil Blackwell.

Stein, Dieter and Susan Wright (eds.) 1995 *Subjectivity and Subjectivisation in Language*. Cambridge: Cambridge University Press.

Stivers, Tanya and Federico Rossano 2010 Mobilizing response. *Research on Language and Social Interaction* 43 (1): 3 – 31.

Stivers, Tanya, Nick J. Enfield and Stephen C. Levinson 2010 Question-response sequences in conversation across ten languages. *Journal of Pragmatics* 42 (10): 2615 – 2860.

Tai, James and Wenze Hu 1991 Functional motivations for the so-called ‘inverted sentences’ in Beijing conversational discourse. *Journal of the Chinese Language Teachers’ Association* 26 (3): 75 – 104.

Tang, Tingchi 2000 Finite and nonfinite clauses in Chinese. *Language and Linguistics* 1: 191 – 214.

Tao, Hongyin 1996 *Units in Mandarin Conversation: Prosody, Discourse, and Grammar*. Amsterdam: John Benjamins.

Tao, Hongyin 1999 The grammar of demonstratives in Mandarin conversational discourse: A case study. *Journal of Chinese Linguistics* 27: 69 – 103.

Tao, Hongyin and Michael J. McCarthy 2001 Understanding non-restrictive *which*-clause in spoken English, which is not an easy thing. *Language Sciences* 23: 651 – 677.

Tao, Hongyin and Sandra A. Thompson 1994 The discourse and grammar interface: Preferred clause structure in Mandarin conversation. *Journal of the Chinese Language Teachers Association* 29 (3): 1 – 34.

Thompson, Sandra A. 1998 A discourse explanation for the cross-linguistic differences in the grammar of interrogation and negation. In Anna Siewierska and

Jae Jung Song (eds.), *Case, Typology, and Grammar.* Amsterdam: John Benjamins, 307 – 341.

Thompson, Sandra A. 2002 'Object complements' and conversation: Towards a realistic account. *Studies in Language* 26 (1): 125 – 163.

Thompson, Sandra A. and Anthony Mulac 1991 A quantitative perspective on the grammaticalization of epistemic parentheticals in English. In Elizabeth Gloss Traugott and Bernd Heine (eds.), *Approaches to Grammaticalization (Vol. 2)*. Amsterdam: John Benjamins, 313 – 329.

Thompson, Sandra A. and Elizabeth Couper-Kuhlen 2005 The clause as a locus of grammar and interaction. *Discourse Studies* 7 (4 – 5): 481 – 505.

Thompson, Sandra A., Elizabeth Couper-Kuhlen and Barbara A. Fox 2015 *Grammar and Everyday Talk: Building Responsive Actions.* Cambridge: Cambridge University Press.

Tomlin, Russell S. 1985 Foreground-background information and the syntax of subordination. *Text* 5 (1 – 2): 85 – 122.

Trask, Robert Lawrence. 1995 *A Dictionary of Grammatical Terms in Linguistics.* London: Rutledge.

Traugott, Elizabeth C. 1985 On regularity in semantic change. *Journal of Literary Semantics* 14: 155 – 173.

Traugott, Elizabeth C. 1988 Pragmatic strengthening and grammaticalization. In Shelley Axmaker, Annie Jaisser and Helen Singmaster (eds.), *Proceedings of the Fourteenth Annual Meeting of the Berkeley Linguistics Society.* Berkeley: Berkeley Linguistics Society, 406 – 416.

Traugott, Elizabeth C. 1999 From subjectification to intersubjectification. Paper presented at the *Workshop on Historical Pragmatics, Fourteenth International Conference on Historical Linguistics.* Vancouver, Canada, July.

Traugott, Elizabeth C. 2000 From etymology to historical pragmatics. Paper presented at the *Conference on Studies in English Historical Linguistics,* University of California, Los Angeles.

Van Kuppevelt, J. 1996 Inferring from topics: Scalar implicatures as topic-dependent inferences. *Linguistics and Philosophy* 19 (4): 393 – 443.

Wang, Yu-Fang, Aya Katza and Chih-Hua Chen 2003 Thinking as saying:

Shuo ('say') in Taiwan Mandarin conversation and BBS talk. *Language Sciences* 25 (5): 457 – 488.

Whaley, Lindsay J. 1997 *Introduction to Typology: The Unity and Diversity of Language*. California: Sage Publications.

Xu, Yulong 1987 A study of referential functions of demonstratives in Chinese discourse. *Journal of Chinese Linguistics* 15: 132 – 151.

Xu, Yulong 1995 *Resolving Third-Person Anaphora in Chinese Text: Toward a Functional-Pragmatic Model*. PhD dissertation. Hong Kong: Hong Kong Polytechnic University.

Xu, Liejiong and D. Terence Langendoen 1985 Topic Structures in Chinese, Sections 4. 3 – 7. *Language* 61: 11 – 27.

Zhang, Wei 1998 *Repair in Chinese Conversation*. PhD dissertation of University of Hong Kong.

术语索引

（术语后数码为所在章节）

后　记

本项研究得到中国社会科学院创新工程的支持，是中国社会科学院重点学科建设项目"现代汉语句法语义研究"的阶段性成果。

书中的部分章节已在国内期刊发表，另外一些发表于海外期刊、国内集刊或会议论文集，相对来说比较分散。现将相关内容整合起来作为专著出版，出版前在论文基础上对内容作了删改和补充。其中第十一章的内容曾经以《汉语的依附性小句及其语体差异》为题，发表于《现代中国语研究》第 15 期（日本：朝日出版社，2013 年 10 月），合著第二作者是我的学生朱庆祥。

书中几乎所有内容都曾经作为会议论文在学术会议报告过，并得到与会学者的意见和建议。在此特别感谢：蔡维天、陈平、陈一、冯胜利、郭锐、金立鑫、李炜、李行德、李宗江、李先银、刘大为、刘乐宁、刘美君、陆丙甫、陆镜光、陆俭明、潘海华、任鹰、邵敬敏、沈家煊、施春宏、石定栩、史金生、陶红印、完权、王灿龙、王秀丽、张伯江、张黎、张旺熹、张谊生、朱庆之、祝克懿、邢欣、徐烈炯、徐阳春先生。

感谢我的博士后田婷和王文颖、博士研究生方迪和关越通读并校对书稿全文。

图书在版编目（CIP）数据

汉语篇章语法研究／方梅著. －－北京：社会科学
文献出版社，2019.5（2023.9 重印）
（中国社会科学院文库. 文学语言研究系列）
ISBN 978－7－5201－4935－8

Ⅰ.①汉…　Ⅱ.①方…　Ⅲ.①汉语－语法－研究
Ⅳ.①H14

中国版本图书馆 CIP 数据核字（2019）第 102151 号

中国社会科学院文库·文学语言研究系列

汉语篇章语法研究

著　　者／方　梅

出 版 人／冀祥德
责任编辑／奚亚男
责任印制／王京美

出　　版／社会科学文献出版社（010）59366556
　　　　　　地址：北京市北三环中路甲 29 号院华龙大厦　邮编：100029
　　　　　　网址：www. ssap. com. cn
发　　行／社会科学文献出版社（010）59367028
印　　装／唐山玺诚印务有限公司

规　　格／开　本：787mm × 1092mm　1/16
　　　　　　印　张：14　字　数：242 千字
版　　次／2019 年 5 月第 1 版　2023 年 9 月第 4 次印刷
书　　号／ISBN 978－7－5201－4935－8
定　　价／89.00 元

读者服务电话：4008918866